ガスライティングという支配

関係性におけるトラウマとその回復

アメリア・ケリー［著］
野坂祐子［訳］

Gaslighting Recovery for Women

The Complete Guide to Recognizing Manipulation and Achieving Freedom from Emotional Abuse

日本評論社

Gaslighting Recovery for Women
The Complete Guide to Recognizing Manipulation
and Achieving Freedom from Emotional Abuse

by
Amelia Kelley, PhD

Published in the United States by Zeitgeist, an imprint of Zeitgeist™,
a division of Penguin Random House LLC, New York. penguinrandomhouse.com
Zeitgeist™ is a trademark of Penguin Random House LLC.

This edition published by arrangement with Zeitgeist,
an imprint of Zeitgeist™, a division of Penguin Random House LLC, New York
through Tuttle-Mori Agency, Inc., Tokyo

「わたしには、何の価値もない」と思っている女性たちへ。
あなたが考えていることも、あなた自身も、愛されて尊重されるに値するものです。
あなたがあなたであるというだけで、あなたには価値があります。

本文中の〔　　　〕は訳注を示す。

はじめに

　ガスライティングは、女性に対してよく起こる情緒的コントロール方法のひとつで、不公平な関係や社会にひそむジェンダー不平等をより深刻にしうるものです。ガスライティングのような情緒的トラウマは、女性の人生のあらゆる領域で生じます。たとえば、恋愛関係や家族、友人といった親しい人との関係性をはじめ、医療現場や教育環境、職場、もっと広く社会のいつどこでも起こりうるできごとなのです。

　わたしは総合的にメンタルヘルスをみていくセラピストとして、私設のカウンセリングオフィスでの長年の経験から、さまざまな女性とともにトラウマからの回復に取り組む機会に恵まれてきました。それぞれが語る内容や体験は異なるものの、どの女性もこころから望んでいたことは、これに尽きます――安全であること、理解してもらうこと、話を聴いてもらうこと。わたしが心理臨床において目指しているのは、「求める人ならだれでもセラピーが受けられる」ということです。セラピーやセルフケアのツールをもっと利用しやすくするにはどうしたらよいか、それをずっと考えてきました。適切な資源とツールがあれば、セラピーに通うかどうかにかかわらず、人は十分に癒されることができます。ガスライティングから回復するうえで何より重要なのは、「わたしはひとりではない」と知ることなのです。

ガスライティングに気づき、自分自身を守り、セルフケアに専念するための方法が学べれば、どんなに困難な状況であったとしてもガスライティングに打ち克つことができます。ガスライティングによって生じた歪みが、回復のためのワークと癒しによって取り除かれれば、自分の豊かな感受性と情緒的な強さに気づくはずです。さまざまな困難に耐え抜くことができる能力は、あなたを支配しようとする加害者に「あなどれない」と思わせる抑止力になります。

ガスライティングを克服した女性たちは、コントロール感を取り戻し、傷つきを癒し、前進していきます。こうした人たちに共通してみられる特徴がレジリエンス〔トラウマからの回復力〕です。加害者による情緒的コントロールを切り抜けると、ガスライティングのあらゆるサインへの直感が働きやすくなり、自分のなかに警報システムができあがります。「何かおかしい」と感じたときに、「わたしがおかしいのかも」と自分を疑うことがなくなります。そのため、ガスライティングのサバイバー〔トラウマを生き抜いた被害者〕は、自己価値とセルフエンパワメント〔自分自身を理解して、自分の力を引き出すこと〕がより強く感じられるようになり、他者からの承認を求めなくてもよくなるのです。

本書の使い方

この本を読むとき、回復への旅をコントロールしているのは、あなた自身です。各章では、さまざまなセラピーの技法や課題、ツールを紹介します。たとえば、日記をつけること、スキルを身につけるためのシート、セルフケアのためのワークなど。「自分には関係ないかな」と感じる部分があっても、ほかの章が役立つかもしれないので、章を選びながら読んでください。もし、あなたが今まさに暴力を受けていたり、「もしかして、これってガスライティング……？」と思うふしがあったりしたら、最初から読むことをおすすめします。必要に応じて、休憩をとりながら読み進めてください。自分の限界を知り、それを尊重することは、セルフラブ［自分を愛する］というすばらしい行為です。

本書は、3部構成になっています。はじめに、さまざまなタイプのガスライティングについて説明します。そして、ガスライティングに耐えてきた女性の事例をくわしく見ていきましょう。あなた自身の癒しとセルフエンパワメントの旅に発つためのワークは、そこから始まっているのです。それぞれの部で、ガスライティングによるトラウマからの回復に役立つ内容が書かれています。

第I部は、さまざまな関係性や力関係のなかで起こりやすい、いろいろなタイプのガスライティングについて理解し、「あれはガスライティングかも」と気づけるようにします。同時に、安全を高めるための行動プランも紹介します。さらに、ガスライティングの多様な事例を通して、女性たちのさまざまな体験を知るという学びの機会を提供します。

第Ⅱ部では、過去のトラウマや不健康な対人パターンを自覚することで自分の癒しを促進するセラピーのワークと技法を紹介します。どれもセルフコンパッション［自分への思いやり］とセルフフォーギブネス［自分へのゆるし］に焦点をあてています。疲労や空腹、こころに余裕がないようなストレス状態にあるときは、ワークに取り組むのを避けましょう。

第Ⅲ部では、自尊心とセルフラブを高めるためのワークと技法を紹介します。それによって、ありのままの自分を受け入れられるようになるとともに、これから先の人間関係がうまくいき、自信と信頼をもって人生を歩んでいくためのゆるぎない自己価値が確立されます。

［ガスライティングという支配　目次］

第7章 不健全なパターンと行きづまりを打開しよう…139

第Ⅲ部 目標に向かって前進する…167

第10章 信頼と健全な人間関係を確立する…223

第Ⅰ部
ガスライティングについて知ろう

人生でもっとも悔やまれることのひとつは、
自分自身であろうとせずに、
他者が望む自分になろうとすること。
——シャノン・L・オルダー

ガスライティングは、自分自身に対する信頼を失わせるものです。それによって、自分が信じられなくなったり、自分の考えが混乱したりするだけでなく、自己認識や現実までもが混乱してしまいます。そのうえ、二者間や集団のなかでパワーの差があれば、どんな関係性でもガスライティングは起こります。たとえば、パートナー、家族、友人、同僚といった対人関係であれ、職場、学校、政府、医療などの集団や組織のなかであれ、ガスライティングはどこでも起こりうるのです。

ガスライティングは、そうとわかりやすいかたちで行われるとは限りません。むしろ、こっそりと、気づきにくい方法でなされることがほとんどです。ガスライティングの影響と力動を知ることで、あなたの本当の自己価値が感じられるようになり、それによってだれかがあなたに対する巧妙な操作や情緒的コントロールとしてガスライティングをする可能性は低くなります。ガスライティングは、それがガスライティングだと気づかれていないときにもっとも効力を発揮するものなので、意識を高めることが予防と回復の両方にとって重要なのです。

第1章
ガスライティングとは何か？

ガスライティングとは何か、ガスライティングのさまざまな方法をよく理解するために、この章ではガスライティングの段階、ガスライティングをする一般的な動機、さらにガスライター（加害者）によるガスライティングのテクニックと方略について重要な情報を紹介します。また、なぜ女性が男性よりもガスライティングのターゲットにされやすいのか、その理由も探ります。ガスライティングは、それがガスライティングだと気づかれ、名づけられることで、その効力が失われるため、ガスライティングに気づくことがどれほどそれに対抗する強力な手段になりうるかをお伝えします。

「ガスライティング」の用語の由来

ガスライティングという用語は、心理的な手段によって、相手に「わたしは正気なのか」と自分自身を疑わせるように仕向けること、と定義されています。1938年のイギリスの大衆劇『Gas Light（ガスライト）』に由来するものです。これは、のちに編集され、1944年にイングリッド・バーグマンを主演としたMGMフィルム『Gaslight（ガス燈）』として上映されました。映画では、一見魅力的でありながら、妻の正気を失わせようと彼女を孤立させ、巧みにだますことで、徐々に彼女を操作していく夫の姿が描かれています。たとえば、この夫は「妻の妄想にすぎない」と言い放ち、「妻がおかしくなっているのだ」と決めつけながら、こっそり壁をノックしたり、屋敷のなかのガス燈を暗くしたりしたのです。彼の行為は、屋敷にある宝石を自分のものにしたいという強欲に動機づけられたものでした。

この用語は、対人関係における心理的操作を表す言葉として、2010年代半ばに、米国のセラピスト業界で用いられ始めました。2017年の #MeToo 運動では、性的虐待のサバイバーがガスライティングの被害について声をあげるようになりましたが、主要なソーシャルメディアで広まり始めたのは2018年になってからです。2018年に、政治の世界で起きているガスライティング、つまり、世界のリーダーの一部が国民に嘘をついたり、自分たちが言ったことや行ったことを完全に否定したりする態度を表す言葉として、社会学者が用いたことから広まりました。この時期、メンタルヘルスにまつわる情報が広まり、関係性における公平性が重要な問題だという認識が高まってきたことも影響しています。

ガスライティングという用語

ガスライティングという用語は、メリアム＝ウェブスター社の2022年の「今年の流行語」に選ばれました。その年、この用語の検索数は1740％も急増しましたが、増加につながる具体的なできごとがあったわけではありません。つまり、検索数を押し上げる「トレンドになるできごと」はなかったのに、自然に注目が集まったのでしょう。ガスライティングが流行語の候補になったのは、2022年が初めてではありません。2018年にも「新語」のひとつに挙がっていたのですが、この年は「有害さ（トキシック）」という用語が選ばれました。「有害さ」という言葉のほうがネガティブな行動をより広く網羅しています。ガスライティングは有害な行動ではありますが、有害なことをしてもガスライティングはしない人もいるからです。有害な行動ではあるもののガスライティングといえない行為には、たとえば、不親切、批判的、自己中心的、支配的な言動が挙げられます。

有害さとガスライティングの違いとして重要なのは、ガスライティングは、被害者の現実感を乱し、変えてしまうものであるのに対し、有害さはそういうことではない別の不健全な行動や暴力行為として表れる可能性があるということです。

ガスライター（加害者）

ガスライティングの動機としてもっともよくあるのが、パワーへの欲望です。ガスライターである親に育てられると、幼少期から子どもの自律性やパワーが奪われます。ガスライティングをされて育った子どもは、生き延びるための手段として、親と同じようなガスライティングのテクニックを身につけることがあります。過去にガスライティングを経験したことがない人ならば、ナルシストや反社会的な人々にみられる不安や自己価値の問題からパワーへの欲望が生じていることもあります。ナルシシズム［自己陶酔的な自己愛］は、ガスライティングとはっきりした相関関係がありますが、ガスライティングをする人がすべてナルシストというわけではありません。

ナルシシスティックでないガスライティングは、自分の専門性を悪用したり、社会的な出世をもくろんだりする人々（政治家、医療専門家、カルトリーダー、政府高官、ジェンダーや人種間の格差が維持されたほうが有利な人々）によって、被害者のウェルビーイング［よりよい状態・幸福］などおかまいなしにパワーを行使しようとするものです。

ナルシシスティックなガスライティングは、相手の気持ちや考えを一切無視して、巧みに被害者の自己意識を失わせていくというものです。長年、ナルシシズムを研究しており、多くの著作があるシャヒダ・アラビは、「ナルシストは、相手にその人自身を疑わせて、加害者の行為に気づかせないことに熟達した人」といいます。ナルシスティックなガスライティングは、被害者の自己懐疑と加害者への依存を深めることで、相手に対して支配と権力を振るおうとする計画的な試みによるものです。それがうまくいけば、ガスライターは被害者の現実感を歪め、被害者にとって誤った安全基地となることで、トラウマボンド［トラウマティックな絆。詳細は84頁］を強めていくのです。

女性とガスライティング

女性は非常にパワフルであり、直感にも優れているという認識は、女性をコントロールしたい人や集団にとって脅威となりえます。一般的に、女性は気持ちを察するのに長けており、他者のニーズにも敏感でありながら、行動力や決断力もあります。気持ちを察したり、敏感であったりすることは、現代社会では非常に大きな強みですが、家父長制にもとづく価値観が残るなかでは、女性に対して「神経過敏」とか「感情的すぎる」といったレッテルが貼られ、これらのスキルはないがしろにされがちです。

家父長制は、女性にガスライティングをすることで、女性を支配する権力を維持しようとしているといえます。サイエンスライターのメリンダ・W・モイヤーは、「女性に対する医療ガスライティングの実態」という『ニューヨーク・タイムズ』の記事で、医療ガスライティングという用語ができるよりずっと昔からこの問題が存在していたことについて概説しています。何世紀にもわたり、女性は、メンタルヘルスの問題のほとんどが子宮にまつわる医学的な問題とみなされて、「ヒステリー」と言われ続けてきました〔子宮を語源とするヒステリーは、女性の苦痛を女性の身体性ゆえと安易に決めつけ、情緒的不安定さを揶揄する表現として使われてきた〕。研究や財政投資、将来的な治療の選択肢は、歴史的に男性の健康が優先されてきた一方、女性の健康と身体の自律性は脇に置かれ続けています。その結果、男性の健康問題のほうが注目されやすく、女性よりも男性が多くの恩恵を受けているのです。とはいえ、医学研究から女性を排除することは、結局のところ、男女どちらにも不利益をもたらすわけですが。

研究されずにきた空白

女性にガスライティングをすることで、特定の人々や集団、組織が利益を得る一方、それによって社会全体に害が及ぶような悪影響も生じます。その一例が、医療ガスライティングによって、重篤な疾患を治療するために欠かせない研究がなされずにきたという研究の空白です。たとえば、心疾患は女性と男性で異なる症状を示しますが、この疾患の診断ツールはおもに男性患者を対象とした研究に基づいているため、医療専門家は女性患者の生命にかかわる症状を見逃してしまうことがあります。みなさんの母親、娘、姉妹、友人などにも、男性と同じように質の高い医療的ケアが提供され、敬意と関心が払われるべきです。女性たちが苦しむことで、だれもがみな、苦しむことになるのですから。

ガスライティングのテクニックと方略

加害者が用いるガスライティングの方略には、さまざまなものがあります。以下に示すのは、もっとも有害であり、かつ、よくあるガスライティングのテクニックのうち、注意すべき7つの方略です。これらすべてを用いるガスライターもいれば、特定の方略を集中的に使うガスライターもいます。重要なのは、一度だけなのか、繰り返されているかにかかわらず、どれかひとつでも方略が使われているのなら、それはガスライティングの問題が起きていることを示すサインになりうる、ということです。

否認は、加害者が自分の行動に対する責任をとらないことです。悪いのは加害者だという証拠があるときでさえ、彼らは無責任に振る舞います。否認の例として、細かいことは忘れたふりをする、責任転嫁をする、真っ赤な嘘をつく、などがあります。

聞こえないふりは、相手の言っていることに対して、わけがわからないとか聞こえないふりをして、**わからないそぶりをみせる方略**です。ガスライターは、相手の話を「そんなことは聞いていない」と言い張ったり、「いったい何のこと?」などととぼけたりして、まるで相手のほうが非論理的であり、わけのわからないことを言っているかのように思わせるのです。ほかには、被害者がガスライターの言ったことを覚えていなかったときに、「人の話を全然聞かないやつだな」などと相手を責めることもあります。

矮小化は、相手に自分の考えや望みは分不相応でやりすぎだったと感じさせることです。被害者が自分の思いを述べているときに、「感情的すぎる」「おおげさな」「ずうずうしい」などと言って、相手の話を軽んじるのです。医療ガスライティングのところで述べたように、歴史的に女性のさまざまな医療的ニーズに「ヒステリー」というレッテルが貼られてきたことは、まさにこの一例です。

価値下げは、情報源を疑ってみせることで、相手の話の信ぴょう性に疑問を抱かせるものです。たとえば、「自分でも何を話しているかわかっていないんだろう。どうせ、おまえの情報はインターネットを鵜呑みにしたものばかりなんだから」などと言います。残念ながら、被害者が信じている情報はでたらめだと指摘して、組織ぐるみで人々をコントロールする組織的ガスライティング(これは、教育機関や教会、企業、政府といった大きな組織による組織的コントロールとも呼ばれます)は、非常に効力の高いテクニックです。

無効化は、事実を裏づける証拠があるときでさえも、相手に疑念を抱かせる手段として、できごとの記憶を疑ってみせることです。ガスライターは、本当に起きたことであっても、相手が忘れているだけだろうと決めつけ、しばしば被害者の記憶力が悪いとか、「こいつはいつも、どうだったかをすっかり忘れちまうんだよ」といった作り話をします。この方略は、映画『ガス燈』の登場人物である夫が妻の記憶を真っ向から否定したり、問いただしたりするところによく表れています。

ステレオタイプ化は、性別、人種、民族性、セクシュアリティ、国籍、年齢などに関する否定的な固定観念を利用するものです。「こういう人たちは……」というステレオタイプや、「みんな……だ」という過度な一般化を用いることで、ターゲットとされた被害者が間違っている、おかしい、怒りすぎる、感情的すぎる、信用に値しないといった理由や根拠を示そうとします。

論点のすり替えは、ガスライターが悪事をはたらいた証拠を突きつけられたときに起こります。ガスライターは、自分がしたことは認めずに、相手のミスを持ち出してコントロールを取り戻そうとします。被害者から物的証拠（会話の録音、領収書、メールなど）を突きつけられたガスライターは、自分が攻撃されたと感じて、「そもそもそんなものを持ち出すほうが悪い」とばかりに、相手が信用ならない人物で、嫉妬深く、無神経で、ひどい、薄情者であるかのように思わせて、反撃します。

よくある7つのガスライティングのテクニックとフレーズ

否認	「そんなことは、まったくやっていない／言っていない／思っていない／望んでいない」
聞こえないふり	「もっと大きな声で話せよ」「わけがわからないな」「ギャーギャー言われても、全然聞き取れないよ」
矮小化	「なんでそんなに、不安定／感情的／ヒステリック／バカ／おおげさ／ネガティブなんだ？」
価値下げ	「自分が読んだもの／耳にしたこと／目にしたものを、何でも信じるものじゃないよ」「俺なら○○（ガスライターが賛同しない何らかの組織、政治団体、信念体系）が言うことなんて、絶対信じないね」
無効化	「何が起きたのか、全然覚えていないんだろう。おまえの記憶力の悪さときたら。いいか、真実はこういうことだ……」「君の記憶は、まったくあてにならない」「実際にあったことが思い出せないから、そうやって作り話をするんだろう」
ステレオタイプ化	「警察は、おまえのことなんか信じないさ。やつらはDVだと通報してくる女のことなんて信じるわけがないんだから」「自分が何を言っているのか、わかっていないようだな。未熟なおまえにはまだわからないんだろうけど」
論点のすり替え	「なんで、そんなことを持ち出すんだい？　今、僕たちの問題で責められるべきなのは君なのに」「どうして、こんなことに文句をつけるんだ。俺のことなんてどうでもいいくせに。いつもそうだ」「君がただケチなだけだろう」

ガスライティングの7つの段階

『サイコロジー・トゥディィ』誌で、プレストン・ニー教授は、さまざまな研究から明らかにされたガスライティングの7つの段階について概説し、まとめています。すべてのガスライティングの過程が同じ順序で進行するわけでも、全部の段階を経るわけでもありません。人間関係がさまざまであるのと同じように、ガスライティングの進み方もいろいろです。

第1段階：嘘と誇張

ガスライティングの第一歩は、ガスライターがターゲットである被害者について、嘘のネガティブなストーリーを作り出すことから始まります。ガスライターはターゲットをもっとも不安にさせるものが何かを探るため、この時点ではまだ、正常の範囲内の行動をとります。たとえば、妻が仕事から帰宅するのが遅かったとき、ガスライティングをする夫は、「君はいつも遅いよね。僕のことなんてどうでもいいってことか」などと言います。妻のほうは、また夫を気にかけていないというネガティブなコメントをされたらどうしようと不安になり、言い訳をするようになります。

第2段階：しつこく繰り返す

もし、第1段階の行動が一度きりであったなら（おそらく、パートナーは疲れていたり、傷ついていたり、不安を感じたりしていたのでしょう）、それが情緒的コントロールやガスライティングに進展する可能性は低いかもしれません。ですが、相手の目的が女性をコントロールすることであったならば、その行動は繰り返されるはずです。家父長制が残る社会のなかでは、女性はすでに繰り返しガスライティングの被害を受けてきているため、こうした暴力的なサイクルに巻き込まれやすいのです。

第3段階：反論するとエスカレートする

ガスライターは、自分の行動について追及されると、ガスライティングのテクニックをさらに強めて反応します。彼らの否認は信じられないほど強いので、それによってターゲットである被害者は疑念やネガティブな感情がわくようになります。ガスライターは、自分の責任を否認し、（しばしば確たる証拠があるにもかかわらず）自分がやってもいないことで責められ、どれだけ傷ついたかを訴えます。ガスライターは、ターゲットの共感性を利用して、「自分を傷つけた責任はおまえにある」とばかりに相手に責任をなすりつけようとします。

第4段階：ターゲットを消耗させる

ガスライターがターゲットをコントロールし続けるのにもっとも効果的な方法は、相手のアイデンティティと現実感を奪うことです。この段階では、ガスライターは被害者の情緒的エネルギーを消耗させるために攻撃し続けます。被害者に「自分がおかしいのだろうか……」と自信を失わせ、ガスライターが作り出した歪んだ現実に同調させようとします。

第5段階：共依存

この段階になると、ターゲットとなった被害者は、相手からの受容、承認、尊重、安全を求めて、ガスライターに依存し始めます。ガスライターはガスライティングの被害者が自分の言うことに同意しないときは、「いつでも、この関係性を終わりにしてもいいんだからな」と脅して、パワーを行使します。被害者に対するコントロールが弱まってきていると感じると、ガスライターは被害者を自分につなぎ留めておくために、相手の恐怖心と脆弱性を利用します。

第6段階：偽りの希望を与える

希望がなければ、そこに投資する人はいないでしょう。ガスライターも、それはわかっています。ですから、被害者をつなぎ留めておくために、ガスライターは断続的に表面的なやさしさや反省をみせるのです。そうすることで、被害者はさまざまなことに対して「実のところ、そこまで悪いわけじゃないのかも……」と自分の直感を疑い、こうした自分を疑う気持ちがさらにガスライターとのつながりを強めるようになります。偽りの希望を与えることは、支配とコントロールのサイクルの一部であり、たとえそれが真実でなくても、もしかしたら事態がよい方向に変わるかもしれないという被害者の考えを強化します。

第7段階：支配とコントロール

最終段階にして究極的なガスライティングのゴールは、個人または集団の感じ方や行動の仕方を完全にコントロールすることです。この時点で、ガスライターは被害者の現実感を歪めて、ガスライティングの方略を武器として思うままに使えるようになっています。ガスライターは、自分の思惑通りにコントロールが維持されるようなあらゆる方略を用いて、被害者を利用します。これによって、被害者はつねに不安、疑念、恐怖のなかに置かれます。

ギャンブルのような関係性

断続的な報酬（偽りの希望を与えること）は、非常に強力なもので、トラウマボンドのもっとも極端な例では、強制的なコントロール方略として用いられます。刑事司法で有名な大学であるジョン・ジェイ・カレッジ・オブ・クリミナル・ジャスティスで行われた研究によると、断続的な報酬はきわめて効果的であり、性的な人身取引において重要な要素となっていることがわかっています。神経生物学では、断続的な報酬、なかでも予測不可能で、ドーパミンやセロトニンといった快楽物質（ホルモン）を一気に放出させる報酬に対して、人は好意的に反応しやすいことが明らかにされています。この体験は、たとえ関係性にネガティブな側面があったとしても、それに目をつむってしまうほどの強化子になりえます。ギャンブルと同じく、もし勝算が**まったくない**のであれば、スロットマシンにお金をつぎ込むことはないでしょう。でも、一攫千金の**可能性がある**だけで、人をハマらせるのには十分なのです。同じことが、有害な人間関係にもいえます。

ガスライティングの影響

ガスライティングは、他者や自分自身に対する信頼はもちろん、被害者の自尊心とメンタルヘルスにも永続的な影響を与えます。ガスライティングのネガティブな影響は人それぞれであり、状況によっても異なります。以下は、よくみられる長期的な影響の一部です。

信頼の問題

ガスライティングは、被害者の自分自身に対する信頼を損わせるもので、ときに他者や集団、組織に対して安心を感じる能力も破壊してしまいます。ガスライティングを経験した今この瞬間だけでなく、将来にわたって、不信のサイクルがサバイバーを傷つけ続けるのです。ガスライティングのサバイバーは、「自分を助けてくれる人なんているわけがない」とだれのことも信じられなくなり、医療や教育、就労、対人関係の問題について支援を求められなくなってしまいます。

メンタルヘルスの問題

ガスライティングのゴールは、ターゲットである被害者に「自分は精神的におかしいんだ」と感じさせることであり、実際にそう思わせることができる場合もあります。ガスライティングによるコントロールと自信の喪失、孤立と慢性的なストレスは、どれも被害者の考え方に悪影響を及ぼします。不健康な思考パターンは、自己懐疑や自己嫌悪、不安を強めますが、これらの特徴はうつ病や不安症、そのほかの気分障害によくみられるものです。思考には力があります。いつもネガティブな考え方をしている、つまり自己否定的なパターンに陥っている場合、こうしたメンタルヘルスの問題に悩まされやすくなります。

トラウマ反応

ケンブリッジ大学で行われた長期間の文化的ガスライティングに関する研究によると、人や集団がガスライティングを経験した期間が長ければ長いほど、世代間トラウマ［解消されないトラウマの影響が世代を超えて引き継がれること］や不公平な社会が広がっていくことがわかっています。心的外傷後ストレス症（PTSD）は、トラウマティックな状況に対して不調が生じるものです。ガスライティングによる情緒的コントロールは、PTSDを発症させるだけでなく、より具体的にいえば、反復的または長期的な対人トラウマがもたらす複雑性PTSD（complex PTSD：cPTSD）を発症させるリスクを高めます。

cPTSDの特徴は、以下に示すような**自己組織化の障害**（DSO）です。

・**情動調整**とは、自分のなかにわいた感情を適切に管理し、対応する能力のことです。

情動調整ができれば、人は社会的つながりを保つことができ、感情が高ぶっても寛容に受け止められます。

・**否定的な自己概念**によって、自分の欲求やニーズを見つけ、それらを探求することがむずかしくなります。自分と対照的な批判や助言、考えが受け入れられなくなったりすることもあります。また、自己との断絶感があり、困難に立ち向かう能力に対する自信に悪影響が及ぶこともあります。

・**対人関係の困難**は、さまざまなかたちで表れますが、他者と本音でつながったり、信頼を寄せたり、親密になったりするのがむずかしくなりがちです。

ガスライティングを経験した女性たちは、cPTSDの特徴を理解することで、なぜ自分が苦しんでいるのかについて答えが見つかったり、支援してくれる人に自分のニーズを伝える言葉が得られたりします（たとえば、セラピーなら、情動調整を改善するために弁証法的行動療法〔DBT〕が有効かもしれません）。

複雑性PTSD（cPTSD）の特徴

以下は、PTSDとcPTSDの両方にみられる症状です。

・再体験：フラッシュバックやトラウマの強迫観念というかたちで、被害者がそのできごとを追体験する。
・回避／麻痺：トラウマを想起させる人物、場所、状況を避けるようになり、しばしば他者からも切り離された状態になる。
・過覚醒：つねに警戒し、驚愕反応が強まり、ハラハラして、緊張からパニック発作や慢性的な疼痛の問題が生じる。

訳注：PTSDとcPTSDに共通してみられる症状には、ほかに「認知・気分の陰性変化」があります。自分には価値がない、自分はダメな人間だ、世のなかは危険であるといった認知面と、強い孤立感や著しい興味の低下などの感情面のネガティブな変化がみられます。本書では、PTSDとcPTSDがまとめて説明されていますが、別の疾患として位置づけられています。cPTSDは、幼少期に慢性的に養育者からの虐待や身体的・情緒的ネグレクトを受けたことで起こるのが典型であり、感情の波が激しく、否定的な自己認識に苦しめられ、人間関係を保つことがむずかしくなる傾向がみられます。セルフケアとともに、専門家の診断や支援を受けることが望まれます。

第2章 家族

この章では、家族からガスライティングを受けた女性の事例に焦点をあて、ガスライターによる家族力動〔家庭内の力関係や相互関係のあり方〕が被害者にどんな影響を与えるかを示します。ここで紹介する事例は、光栄なことにわたしが一緒に取り組み、学ばせてもらい、ともに成長した実際のクライエントの体験から集められたものです。それぞれの事例は、加害者が使う方略と有害な関係性の特徴を浮き彫りにしています。家庭内での虐待やコントロールは、さまざまな関係性のなかで起こるものなので、事例からそれぞれの家族に特有の役割や関係性の影響をみていきましょう。

事例1 過保護な父親

30代前半のクリスタルが最初にわたしのカウンセリングオフィスに来たのは、だれとも深くつきあえず、自尊心が低く、性体験がないにもかかわらず性感染症や妊娠をとてもおそれており、その恐怖心からのさまざまな心気症［器質的身体疾患がないにもかかわらず、重い病気であると思い込む］という問題を抱えていたからでした。クリスタルは、3人きょうだいの長女でした。しかし、末っ子は、クリスタルがまだ4歳のとき、出生時に亡くなり、彼女はすぐ下の弟と一緒に育ちました。

当時、父親はわが子を失ったトラウマティックな喪失を整理しようとせず、セラピーを避け、できごとを口にすることすらしませんでした。その代わり、父親はまだ幼い息子にはほとんど目もくれず、たったひとりの娘を「過保護に」守ることでこころの痛みを処理していました。クリスタルのもっとも古い記憶には、「お父さんに守ってもらえないと、危険な目にあったり、だまされたりするんだぞ」と語る父親の姿があります。父親は、彼女のあらゆる決断をコントロールしようとしました。クリスタルは、友だちや服装、趣味、学校の提出課題で何をやるかといったことでさえ、父親の意見を聞かずに決めることができませんでした。クリスタルが自分の考えを述べようとすると、父親は彼女に「そうか、わからないんだな」と言い、「おまえはまだ幼いから、どうしたいかわからないだろう。大丈夫、お父さんがいるからね」と、彼女を**ステレオタイプ化**しました。

彼女のセラピストとして、わたしはクリスタルが高い知性を備え、思慮深く話せるのにもかかわらず、彼女は自分の知性を疑い、決断を下すことに対して自分自身を信頼できずにいるのに気づきました。彼女の自信を打ち砕こうとする父親の度重なる働きかけが、彼女の自己意識と信念を歪めてしまったのです。彼女は、自分は無能で、自分のことすらろくにできないと思い込んでおり、父親との共依存［特定の相手との関係性に過剰に依存しており、自分自身に焦点があたっていない状態。詳細は110頁］をさらに強めていました。

クリスタルが10代になり、男女交際に興味を抱くようになると、父親は家族の宗教的な信仰を盾にして、「男とつきあうなんて、考えるだけでも罪なことだ。男と親密にでもなれば、性感染症にかかるか妊娠するに決まっている。もちろんキスだって危険だぞ」と嘘をつきました。クリスタルが身体のラインがわかるような服を着ようとするたびに、「みっともない」と彼女に恥の気持ちを抱かせました。彼女は父親を怒らせないように、体型が隠れるデザインの服を着ていましたが、ゆったりしたセーターやジーンズであっても、父親は彼女に「下品だ」と言い続けました。彼女は、つねに批判されていると感じていました。父親の執拗なガスライティングによって、クリスタルは妊娠をおそれるようになり、男性との交際や親密なつながりを求めることに不安を感じるようになったのです。父親が彼女に与えた影響について、彼女は父親と話し合うことがかないませんでした。彼女が20代半ばのとき、父親は膵臓がんと診断され、それから間もなく亡くなったからです。

父親との物理的なつながりから解放されたものの、自分の選択を自信をもって口にできないというクリスタルは、ようやくセラピーを受けることを決断したのでした。セラピーでは、身体的な親密さをめぐる強迫観念的な恐怖に取り組んでいます。ガスライティングによる執拗な感情操作によって、彼女はセックスを楽しむこともできなくなっていたため、クリスタルがネガティブな自己概念〔自分が何者かという自己理解や価値観〕を手放し、最終的には健全で同意のある性的関係を楽しむことができるように、身体を再教育する骨盤底筋理学療法〔骨盤の底部の筋肉に働きかけるトレーニングと呼吸法により、女性の身体の安定性を図る治療〕に取り組みました。クリスタルは能力も高く、人生において健全な選択を繰返してきたという実体験があったにもかかわらず、長いあいだ、人生の選択のすべてを父親にゆだねざるを得なかったことから、依然として非常にネガティブな自己概念と闘っており、自分がほしいものや必要なものを決められずにいます。

事例2　母親からのネグレクト

ジョイは20代前半の女性で、虐待を受けた女性サバイバーの支援者として働いていました。彼女は婚約中で、婚約者と飼い犬のリロイとともに愛情に満ちた生活を送っていました。ジョイは、フレンドリーで前向きな性格であり、周囲の人々を惹きつけていました。

こうしたポジティブな特徴があるにもかかわらず、ジョイは母親からのガスライティングの長期的な影響に苦しんでいました。ジョイは、幼い頃から母親に認められようと努力してきました。ジョイの母親は、美しく優秀なビジネスパーソンでしたが、原因不明の健康問題を抱えており、ジョイはそのことで自分が責められているように感じていたのです。

「母は、わたしが母にまめに電話しなかったり、優しくしなかったりしたことが病気の原因だと言うんです。母と話していると、こちらは胃が痛くなるほどだったのに、母はわたしがちゃんとそばにいないからストレスを感じるんだって、すごく怒るんです。わたしも、母のことを思うたびに気分が悪くなったので、母が激昂するのはわたしのせいかもしれないと思うようになって……」

ジョイは、実家に行くたびにイライラするようになりました。あるとき、家族を訪ねた彼女は、ひどいめまいに襲われ、仕事を休むことになりました。実家にいるあいだ、母親はそれまでのジョイのあらゆる失敗をあげつらい、成績がふるわなかったジョイを怠け者呼ばわりし（その理由のほとんどが、成人になってから判明した未診断のＡＤＨＤ〔注意欠如・多動症〕が原因でした）、家族全員のまえでジョイが感じた気持ちを何もかも**矮小化**しました。母親は、ジョイが「かまってちゃん」だから自分のことすらできないのだと言いました。「かまってちゃん」というのは、ジョイが5歳の頃から、母親がジョイを指して使っていた言い回しでした。ジョイは「かまってちゃん」と思われないように、母親や家族のまえでは感情を出さず、トラウマを隠そうとしました。高校時代に性被害にあったときも、ジョイはだれにも言わず、必要な助けを求めることができませんでした。こうしたことから、ジョイは自身が情緒的コントロールを受けることに慣れっこになり、不健全な関係性が続くことになったのです。

ジョイはメンタルヘルスの問題に悩まされ、ＡＤＨＤ、双極症、全般不安症と診断されました。彼女の自己概念は非常にネガティブで、自分に対して批判的な口調で独り言を口にすることもよくありました。彼女は、自分が愛され、必要とされていることをいつでも思い出させてくれる周囲の人々からのサポートがあったにもかかわらず、セラピーでは自分がどんなに残念な人間であるかについて語り、涙を流し続けました。ジョイは、自分自身を受け入れないサイクルにみずからを追い込み、やろうとすることに失敗し続け、ネガティブな自己概念を抱き続けていました。

実家を離れたジョイは、ガスライティングの霧が晴れるのを感じました。それは、大学で学位を取得し、有意義なキャリアを築き、特別で愛情深い関係性を築くのに十分なものでした。それでも彼女は、自尊心の低さ、容姿に対するネガティブなイメージ、つねに他者と自分を比べてしまうことに苦しんでいました。成人になってから彼女が落ち込むときは、もっぱら母親からの電話や訪問がきっかけでした。

現在、ジョイは、母親から電話がかかってきたからといって出なければならない責任はないこと、セルフケアのためには境界線［他者と自分を分ける見えない線。お互いの考えや感情、生き方、自分らしさなどを守るもの］が重要であることを学んでいます。ジョイにとって、母親との関係をもたない状態は想像することすらできません。今でも母親との関係が続いているのが、ガスライティングがこれほど長く影響を及ぼし続けている理由のひとつです。

事例3　振りまわす姉

サーシャは、天性のエンパス、つまり共感力がとびぬけて高い人でした。彼女は、身のまわりの人々や動物にも深い愛情を示し、つねに気を配りながら、どんなことでもしてあげました。近所の野良猫に餌をやり、たったひとりでも動物に愛情を注ぎ、友人や家族が困っていれば、真っ先に救いの手を差し伸べました。サーシャの感受性豊かな性格は、東欧からの移民である両親が長時間働きに出ているあいだ、4人のきょうだいとともに留守番をしていた幼少期に培われたものです。家のことは姉のアンナに任されていましたが、アンナはきょうだいの面倒はほとんどみない、いつも冷たい人でした。

そんな姉のアンナには、サーシャがうらやむような資質がありました。彼女は美しく、人気者で、評判もよかったのです。ですが、アンナには、周囲が知らない影の側面がありました。リストカット、飲酒、度重なる自殺予告など、彼女自身の身体を痛めつけていたのです。両親はアンナを気にかけていたものの、実際にはほとんど家にいなかったので、愛想がよく共感的なサーシャは、アンナが苦しみをぶつける格好のターゲットとなりました。

サーシャが家を出るまで、姉妹の関係は嵐のようでした。何年も実家を離れていたサーシャが戻ったのは、15年後の父親の葬儀と、のちの母親の葬儀に参列したときだけでした。母親が亡くなるまえ、アンナは母国語である東欧の言葉で母親を怒鳴りつけて愚かさをなじり、「人生でうまくいかなかったことは、すべておまえのせいだ」と母親に暴言を吐き、情緒的暴力を振るいました。

母親が亡くなると、アンナの暴力はサーシャに向けられました。サーシャによると、姉は飲酒しながら「わたしが自殺すればいいって、サーシャが言うのよ」と妹を責めるような作り話をしていたそうです。アンナはしょっちゅう電話をかけてきては、「もしわたしが死んだら、サーシャ、あんたのせいだからね」というメッセージを残していました。サーシャが自己弁護したり、反論しようとしたりすると、今度は「そんなこと、言ってないわ」と言い張り、アンナは**否認**方略を用いました。

サーシャは、姉の訴えは根拠のないものだと自分を安心させようとしましたが、同時に、アンナが自殺予告を実行に移すかもしれないという恐怖でいっぱいになりました。しらふのときのアンナは、サーシャの気を引くために自分の魅力的な性格を利用し、如才なく、無理強いしすぎないことを心得ていました。彼女の自宅にはパソコンがなかったので、サーシャに「ネットでの買いものを手伝ってほしい」と頼み（サーシャは親切なので断ることができませんでした）、サーシャに対する報酬として、まるで本物の愛情のようにみえるアファメーション［感謝や肯定的な言葉］とジェスチャーをしてみせました。しかし、こうした関係が長く続くわけがなく、再び有害な関係に戻ってしまいます。アンナはトラウマボンドによる慰めを切望しており、サーシャは姉によって抱かされた深い罪悪感から解放される必要がありました。この姉妹はまだ、共依存、偽りの希望、支配、そして束の間の沈黙のあいだを揺れ動いています。

まとめ――家族のなかでガスライティングが起こるとき

家族のなかで起こるガスライティングから逃れることはむずかしく、一生とまでは言わなくとも、何年にもわたる傾向があります。家族のガスライターは、主たる養育者あるいは両親、きょうだい、親戚、義理の家族など、だれでもなりえます。しかし、ひとつ確実なのは、家族システム全体の複雑さと、それがガスライティングの力動にどのように関与しているかということです。

家族全員がガスライティングを目撃しているにもかかわらず、だれも被害者を守ろうとしない場合、ほかの家族も自分がターゲットにされることをおそれており、それによってガスライターが思い描く歪曲した現実を継続させてしまうことがあります。家族のガスライティングから身を守るために、専門家を含む他者からのサポートを求めるなど、必要なステップの概要をまとめた次の安全プランを参考にしてください。ガスライターの影響を受けていない健全な人とつながることは、長年にわたって耐えてきた潜在的なリスクを見つけ、現実感を取り戻すのに役立ちます。そして、ガスライターと境界線を引くことで、何らかの脅威が生じたときに身を守りやすくなります。外部のサポートを得ることは、被害者が健全な境界線を設定し、家族からガスライティングによるコントロールを受けたあとの回復の旅を歩んでいく際に、前向きな一歩を踏み出す助けになります。

家族のガスライティングに悩むクライエントに、わたしがよくお伝えしていることがあります。「家族だからといって、その人があなたの人生において重要な存在であり続けるわけではありません。たとえ家族であっても、一緒に過ごすには有害すぎると判断してもいいのです」

安全を確立する

加害者を避けて暮らすことができない、あるいは家から逃れられないなど、複雑な家庭状況にいる場合であればとくに、行動志向のプランがあなたをガスライティングから守ってくれます。以下は、ガスライティングかもしれないと思ったときの段階的なプランです。

第1段階：ガスライティングであることに気づく

最初の、そしてもっとも重要なステップは、何が起きているかを認識することです。よく使われる言い回しや方略に注目してください。次のような状態になっていませんか？

- 自信喪失、混乱、そして／あるいは確信がもてない疑念
- いつも自分が謝ってばかり
- 自分の感情が妥当なものなのか不安
- 意思決定がむずかしい
- コントロール感の喪失

第2段階：スペースを作る

ガスライターと同居している場合、家にいる時間を減らします。仕事に出たり、放課後や終業後の活動に参加したり、散歩やランニングといった運動目的で家を空けたり、友人やほかの家族と過ごしたりしましょう。それができないときは、呼吸法やグラウンディング［自分の心身が〝今ここ〟にあるのを感じる方法］のワークなど、本書の第Ⅲ部で紹介するスキルを使って、自分の身体にスペース［こころの余裕、ゆとり、安全感］を作りましょう。

第3段階：証拠を集める

記録は、あなたの現実感の根拠となり、今後の関係をどうするか意思決定する際に役立ちます。写真、メッセージ、メールなどを集めましょう。ガスライターは、その証拠を武器にしてくる可能性が高いので、記録はガスライターを変えるためのもの**ではありません**。そうではなく、あなた自身が本当の現実感とつながり、ガスライターとは別のあなた自身の考えや感情に立ち返るために活用します。

第4段階：支援者を巻き込む

自分の経験をだれかに打ち明けるのはこわいかもしれませんが、相談することは、今後の被害から自分自身を守ることにもなります。あなたが現実を取り戻すのを助けてくれる信頼できる人をガスライティングに関わりのない人たちから探し、必要ならば、ガスライティングに立ち向かう、もしくはそこから逃れるためのプランを立てましょう。

逃れられない暴力的な関係性のなかでガスライティングが起きている場合、専門家の支援を求める必要があるかもしれません。

第3章
親密な関係性

ガスライティングというと、まず恋愛関係を思い浮かべることが一般的でしょう。そもそも恋愛関係は親密なものであり、パートナーと一緒に過ごす時間が長い傾向があるからです。第3章では、交際相手からガスライティングを受けた女性の事例と、そのコントロールが彼女たちの自尊心や自己価値、ときに安全にどのような影響を及ぼしたかを探ります。また、暴力が起こりうる関係性がエスカレートするのを防ぐ方法を理解するのに極めて重要な、健全な境界線の設定と、支配とコントロールのサイクルについても触れます。

事例1 非社交的な婚約者

サラが、意欲低下、強い不安、不眠症といった問題の改善のためにセラピーを受け始めたとき、サラと同性パートナーであるジルは婚約して5年目を迎えていました。婚約中であることについて尋ねると、サラは「なんとなく違和感があって」結婚の予定を延期しているのだと答えました。サラが式の延期を望んでいるにもかかわらず、婚約者のジルは、ふたりの関係性を進展させようとサラに迫り、サラがためらうなら、一緒にいる理由がないと言いました。

わたしはサラに「友人やご家族は、あなたたちカップルをどうみているのですか？」と尋ねましたが、彼女の答えは「ジルはあまり人前に出たがらないから、わからない」でした。ジルと出会うまえ、サラはとても社交的で、一緒に楽しく過ごすような親しい友人や同僚、家族がいました。ジルと出会ってから、サラの人や社会とのつながりや関係性は急速に縮小していきました。サラがひとりでだれかに会いにいこうとすると（たとえば、ロッククライミングのジムで仲間に会うとか、仕事終わりに同僚と飲みにいくとか）、ジルは、サラが自分よりもほかの人を大切にしていると非難しました。サラは本当にジルを愛しており、ふたりの関係がうまくいくことを望んでいたので、ジルへの忠誠心をわかってもらうためにできることは何でもしました。サラは友人との予定をキャンセルするようになり、ロッククライミングのグループからも退会してしまいました。

時が経つにつれ、ジルの非難はエスカレートしていきました。ジルは、サラが友人や同僚とチャットやメールをしているといつも「浮気してるんじゃないの」と責め立てました。サラが弁明をしようとすると、ジルは「わたしにストレスを与えようとしているのね」とサラを非難して**論点をすり替えた**ので、サラはジルを心配させてしまったことを謝るしかありませんでした。当時、サラはチャットやメールが届くと緊張するようになったと言います。返信しなければならないときは、見つからないようにこそこそするようになりました。そうした不正直な態度をとるうち、彼女は自分が忠実でないことに後ろめたさを感じ、不安、不眠、片頭痛に悩まされるようになりました。彼女の人生に関わる人が減れば減るほど、サラはジルに依存するようになり、気がつくと婚約者の望むことはどんなことであれ承諾するようになっていました。

サラに、給料や職場での地位がほぼ倍になるというすばらしい条件で復職の話が舞い込んできたときも、ジルは「わたしと過ごす時間よりも、お金のほうが大事なのね」と彼女を非難し、またもや出ていくと脅しました。サラは、その仕事を断りました。サラは婚約者と一緒にいたいと思う一方、そうすることで自分自身が失われていくような気がしてなりませんでした。

境界線の設定と〈ふさわしいタイミング〉という罠

『心の境界線―穏やかな自己主張で自分らしく生きるトレーニング』（山内めぐみ訳、学研プラス）の著者であるネドラ・グローバー・タワブは、人間関係や生活環境で違和感を覚えたら、それは境界線が必要であることを示すよい指標だと述べています。「ノー」という言葉はそれだけで完結した文であり、あれこれ理由をつけて境界線を正当化する必要はありません。境界線は、あなた自身のものだからです。それなのに、だれかを傷つけてしまうことをおそれて境界線の設定を先延ばしにする人がたくさんいます。でも、先延ばしをすればするほど境界線はあいまいになり、相手に「こいつは利用できる」というメッセージを送ることになってしまいます。サラがジルに何か相談しようとすると、ジルはいつも「今、気分じゃないから」と言いました。サラとジルの関係性では、相談をするのに〈ふさわしいタイミング〉があるという思い込みが存在していたのです。実際には、サラはどんなタイミングであろうと、自分の気持ちを表現することが許されていなかったわけですが。

ガスライターは、あなたが境界線を引いた〈タイミング〉を攻撃の口実にすることがよくあります。「なぜ今になってそんなことを言い出すのか?」「君はいつも僕が仕事から帰るやいなや文句ばかり言う!」、あるいはシンプルに「いつもタイミングが悪いやつだな」などと言うかもしれません。ガスライターが口にする〈ふさわしいタイミング〉という罠は、正しいものではありません。人の境界線は、**いつでも**大切なのですから。

事例2 ナルシシスティックな加害者

メアリーは看護師であり、幼い男の子の母親でもあります。彼女がライアンと出会ったのは10年ほどまえ、ふたりとも20代前半の頃でした。当時、ライアンは飲酒問題を抱えており、彼女は彼が自分にとって健全な相手ではないと判断しました。ふたりは別れ、メアリーは別の男性と結婚しました。

メアリーの最初の結婚はうまくいきませんでした。セラピーでは、彼女は年齢を重ねることへの不安と子どもをもちたいという願望について話していました。ほどなくして、彼女の人生に再びライアンが現れ、メアリーと復縁するための熱く激しい愛情表現の舞台が整いました。ライアンは、自分はもうあのときの自分ではないのだ、自分はこんなにもメアリーを愛していて、ふたりで築くはずだった家庭を今こそ望んでいるのだ、と熱く語りました。ライアンは、メアリーが子どもをもてるか不安がっているのを知りながら、彼女に何を言えば効果的かを熟知していました。それから1年も経たないうちに、ふたりは結婚しました。

結婚式の直後から、ライアンの態度は一変しました。彼はまた酒を飲み始め、自分の不機嫌をメアリーのせいにしました。メアリーが反論するたびに、彼はメアリーと別れたあとの日々がいかにつらいものであったかを語りました。彼は、メアリーが自分を見捨てるのではないかという恐怖に苛まれており、こんな自分に対してメアリーはいかに不誠実かというストーリーをでっちあげたのです。彼の嫉妬表現が一段と激しさを増したちょうどその頃、メアリーは第1子を妊娠しました。

息子の誕生後、束の間、偽りの希望がありました。ライアンの飲酒は2ヵ月ほど止まり、ふたりは赤ちゃんのことだけを考えられたのです。でも、長くは続きませんでした。ライアンは、メアリーが赤ちゃんの世話をしているといつも、彼女の気を引こうとするようになりました。ライアンの飲酒量は増え、嘘ばかりつくようになりました。メアリーが飲酒についてライアンに問いただすと、ライアンはガレージに空ビンがあるという明らかな証拠がありながらも、**否認**方略をとりました。ライアンは「おまえが俺にストレスをかけてくる」と言い、挙げ句、彼は家事を手伝わなくなり、家のなかはぐちゃぐちゃになりました。ライアンは彼女を怒鳴りつけ、「おまえがだらしないせいだ」とか「子どもの幸せを考えていない」とメアリーを責めました。

メアリーはライアンと別れようとしましたが、彼はメアリーが出ていったら自殺すると脅し、そうなればメアリーのせいだと言いました。状況はますますエスカレートしていきました。ある晩、メアリーは彼と離れることを決意しました。彼女が子どもを車に乗せていると、銃声が聞こえました。彼女はライアンが脅迫を実行したのだと思い、恐怖からその場にへたり込んでしまいました。警察を呼んで自宅を捜索してもらうと、ライアンは元気に生きていました。その後、ライアンは「何もなかったのにメアリーが騒ぎを起こしたおかげで、おおごとになってしまったじゃないか」と腹を立てました。彼は警察沙汰になったのは彼女のせいだと非難して**論点をすり替え**、もし自分が仕事を失ったらそれも彼女のせいだと言いました。

警察は、ライアンを精神病院に入院させました。2日後にメアリーが迎えにいくと、ライアンは彼女が悪い母親であり、悪いクリスチャンであり、悪い妻だと非難し、「おまえがもっと努力すれば、結婚生活はなんとかなる」と言いました。ふたりは夫婦としての将来に不安を感じつつも、これからも一緒にやっていくのだと思いながら家路につきました。ライアンによって不安を煽られたメアリーは、彼の言うことが真実だと信じ始めるようになりました。

事例3 ロイヤリスト

メリンダがセラピーを受けにきたのは、自分がまるで自分自身から切り離されているように感じていたからでした。彼女は自己免疫疾患に苦しみ、離婚や再婚が繰り返された家庭問題のあれこれから、慢性的なストレスに悩まされていました。彼女と夫のピーターは、それぞれ前夫・前妻とのあいだにできた子どもがおり、ふたりとも再婚によって新たな家庭を築きました。セラピーの過程で、彼女は主治医から医学的診断を受け、ようやく治療を受けられることになりました。彼女の健康状態は改善しましたが、ストレスの原因はよくわからないままでした。セラピーでメリンダとわたしは、被害者が情緒的コントロールの加害者を怒らせないように努力する「卵の殻の上を歩く」［息をひそめて暮らす］という問題について話し合い、彼女は慢性的なストレスの核心が、つねに夫を怒らせないように気を張っていることにあるのだと認識するようになりました。

メリンダの不安は、現在の結婚生活よりもまえから始まっていました。というのも、彼女は最初の離婚で大きな罪悪感を抱いていたのです。その失敗から、彼女は現在の結婚生活をうまくやっていくことに固執するようになりました。ピーターは魅力的で、よくしゃべり、要求をはっきり口にする人でした。衝突するようなことがあれば、すぐさま言い返しました。ふたりはしょっちゅう口論になり、ほとんどの場合、もめごとの中心は彼が彼女を不誠実だと責めることでした。ピーターは、彼女が前夫とのあいだにできた成人した子どもたちに自分抜きで会おうとするのは裏切りだという考えに固執していました。子どもたちに会いたいという彼女の願いを「僕だったら、君がいるのにそんなことはしないね」と言って**矮小化**し、自分よりも子どもたちを選んだと彼女を非難しました。また、彼が子どもに対して腹を立てたときは、彼女に向かって「よい妻ってものは、何があっても夫の味方をするものだ」と言うのがつねでした。メリンダがいやがると、彼は彼女の思うようにさせなかったり、わざと無視したりして、罰を与えました。

　ピーターの行動はややこしく、彼女を責め立てたあとに希望や平安を感じさせる態度をとるのも毎度のことでした。ときにはとても親切で、ロマンチックでさえありました。彼は、メリンダが感性豊かな人であり、荒々しい態度をとるばかりではふたりの関係が終わってしまうとわかっていました。そこで彼は、自分がどれだけ彼女を愛しているかをこと細かく説明し、自分がそんなふうに振る舞ったのは、ただただ彼女が自分にとってとても大切な存在だからなのだと説得しました。彼は、自分で彼女の思いを逆なでしておきながら、彼女が苛立ちをあらわにすると「僕が君を疑うことがあるものか」と言って**価値下げ**をしました。実際には、ふだんから彼女を疑ってばかりなのにもかかわらず。そして、彼女にその気がないようにみえるときでも、肉体的な接触を通して彼女と再びつながろうとしました。何よりも、彼は決して謝ろうとしませんでした。

　情緒的コントロールのサイクルが見事に仕組まれているので、メリンダはいまだに、この結婚から逃れられないと感じています。ほぼ毎月、まるで予定されているかのように、彼女はピーターの断続的な愛の報酬と「もう、こんなことはしないから」という約束に操られています。こうしたガスライターの手法は、問題を生み出しているのは**自分**であるにもかかわらず、それに対する**相手**の態度を変えさせることに焦点をあてるものです。彼の方略は、彼女に関心を寄せさせ、希望をもたせ、混乱させ、そして守勢に立たせるものであり、それは今のところ加害者の思惑通りになっています。

まとめ――支配とコントロールのサイクル

「もう、こんなことはしないから」という変化への空約束から生まれる希望は、親密な関係性におけるガスライティングの情緒的コントロールを持続させる鍵となっています。被害者がストレスから解放される瞬間は、「この人（ガスライター）を変えられる」という偽りのコントロール感と信念を生み出し、この希望があることによって、関係から逃れられなくなるからです。論点のすり替えや責任転嫁は、攻撃的なガスライティングとして使われる一方、ガスライティングの被害者に誤ったコントロール感をもたらすために使われることもあります。被害者は、自分が相手の求めるものや必要なものになりさえすれば、どうにか状況を「立て直せる」のではないかと思ってしまうかもしれません。そうこうするうちに、自分自身を見失ってしまうのです。

トラウマインフォームドな［トラウマをよく理解している］セラピストとして虐待のサバイバーと関わっていると、「どうすれば、自分が暴力的な関係性にあるとわかりますか？」と聞かれることがよくあります。もっともよくあるサインは、自分の人生やアイデンティティをコントロールできなくなっていると感じるかどうかです。本章で取り上げたケース

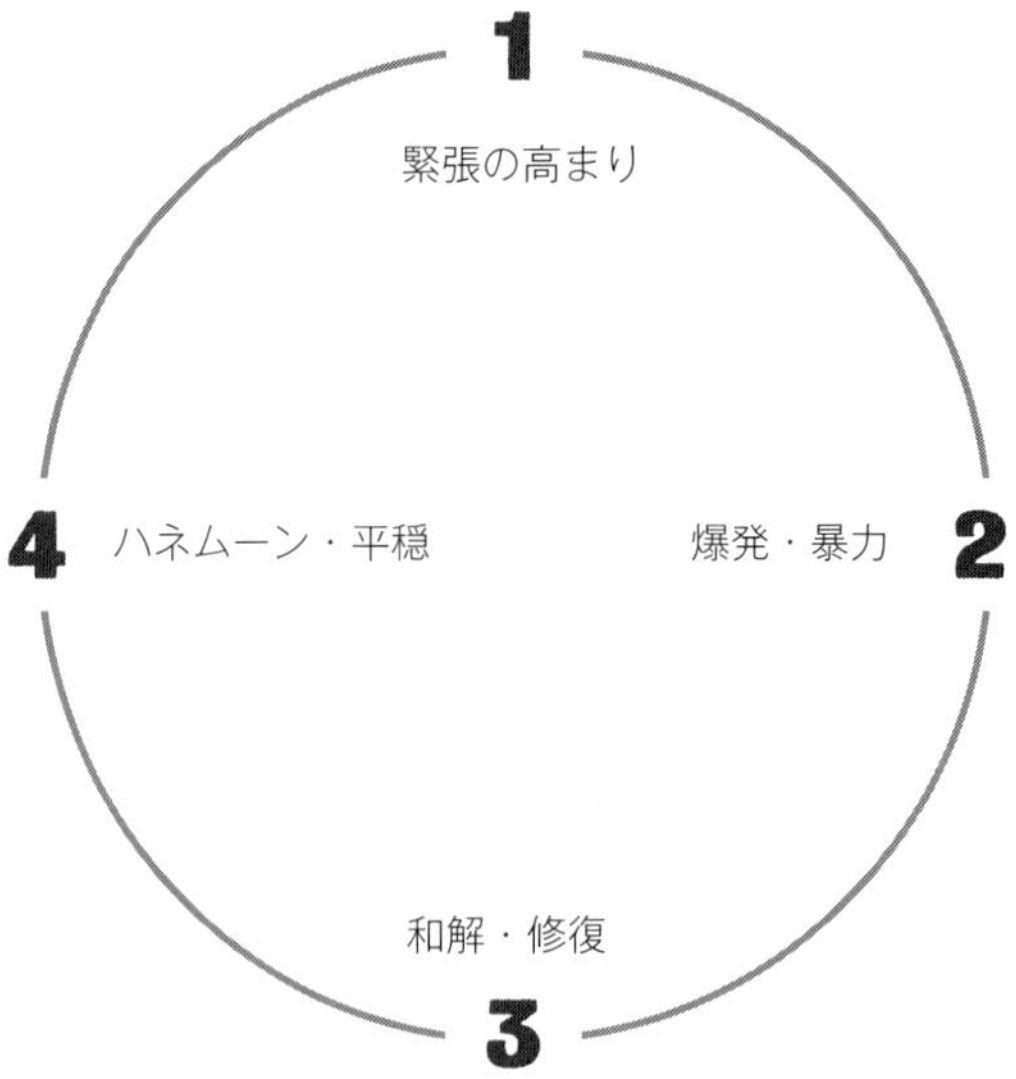

4段階からなる支配とコントロールのサイクル

では、どの女性も自分が望んでいたものをあきらめています。サラは転職の機会をあきらめ、メアリーは家を出て平穏に息子を育てるという希望をあきらめ、メリンダは成人した子どもたちに会うことをあきらめました。自分自身のことさえあきらめてしまうまえに、典型的な支配とコントロールのサイクルを理解し、十分な情報を得たうえで決断することが有益です。

第4章

社会

ガスライティングは、人と人との個人的なレベルで生じることが多いですが、公的な場でも個人や集団が他者を軽んじようとする際に起こることがあります。社会的ガスライティングとしてよくあるのが女性を無力化するステレオタイプであり、女性がターゲットにされやすいものです。社会的ガスライティングは、職場、学術界、政府、メディア、医療機関、その他あらゆる社会構造のなかで広く起きています。本章では、社会のさまざまな領域でガスライティングを受けている女性の事例から、被害者に与える悪影響について具体的にみていきましょう。

事例1 グーグル先生と妊婦

リアは、35歳を目前にして第1子を授かりました。何年も妊活を続けたすえのことで、流産や死別の経験もあったため気軽には喜べなかったものの、妊娠できたことに感激し、感謝していました。

リアは、自分の甲状腺の病気が妊娠までの経緯に悪影響を及ぼしていると考えていました。彼女は、最後に流産してから、この病気についてあらゆることを調べ、プロゲステロンを服用すれば妊娠の経過がよくなるはずと確信していました。服薬による害はほとんどなく、健康的な妊娠が継続できると思われました。

妊娠6週目を迎えた頃、彼女は妊娠の経過確認のためにクリニックを予約しました。彼女は自分の意見を主治医に伝えましたが、医師は血液検査をしてからと言い、8週まではプロゲステロンの処方はできないと拒否しました。そして、「医学的知識をインターネットに頼るなんてとんでもない」「僕はグーグル先生よりずっといい大学を出ているからね」と言って、彼女の知識を**価値下げ**する方略をとりました。主治医のジョークに笑うことなく、傷ついた様子で黙り込んでいる彼女に、主治医は「不安なんだね、そりゃそうだろう」と言い切りました。

主治医とのやりとりは、彼女を混乱させました。研究によれば、服薬は早ければ早いほどよい結果につながり、8週目まで待つのは危険と思われました。彼女がそう訴えたのにもかかわらず、主治医は何も処方せず、採血に行かせました。そして、「じゃ、2週間後に」と言いました。リアは不安をやわらげるために、せめて超音波検査だけでも受けられないかと尋ねました。最初に検査を受けるのは、6~8週目が最適だろうと思っていたからです。なんとか話を聞いてもらおうと必死だった彼女は、母性健康管理のカードまで出して見せました。しかし、主治医は「この時期では、まだ何もわからないよ」と拒みました。

1週間後、リアに点状出血がみられました。何かおそろしいことが起きているのではないかとこわくなった彼女は、主治医に電話しました。主治医は、着床中に（その時点では、とっくに着床していたはずですが）点状出血があるのはよくあることだ、と断言しました。彼女は受診をせがみ、主治医もようやく承諾してくれました。今回は、夫も連れていきました。

診察室で座っているあいだ、リアは緊張で胃が痛くなりました。医師が入室し、彼女の向かいの椅子に座りました。血液検査の結果を見ながら、医師が夫に向かって話しかけているのに気づいたリアは、困惑しました。妊娠しているのはわたしなのに。医師は彼女の**夫に**プロゲステロンの処方を求めるか尋ねました。まるで、彼女が部屋にいないかのように。彼女の夫はリアを見て、いつもは強気な妻に代わって発言すべきかどうか迷いながらも、医師に視線を戻して処方することに同意しました。

リアと夫は、処方箋を受けとり、今後、甲状腺レベルをモニターしていく予定について聞き、病院をあとにしました。リアは妊娠が継続できていることに感謝しながらも、自分の意見がまったく重要なものとみなされていなかったような気がしてなりませんでした。お腹に赤ちゃんがいるのは自分なのに、これなら夫をひとりで診察に行かせてもよかったんじゃないかとすら思えました。

女性と少女に対する医療ガスライティング

医療従事者が、医学的でない意見や患者の考えから医学的症状を軽視することで起こる医療ガスライティングは、多くの女性が経験する社会的ガスライティングの一例です。２０１９年、『トゥディ・ショー（TodayShow）』と『サーベイ・モンキー（SurveyMonkey）』が実施した調査によると、医療で不当な扱いを受けたと感じる男性は６％だったのに対し、女性は17％でした。

残念なことに、児童期や思春期の少女たちは、幼いうちから医療ガスライティングを経験しています。ヒポクラテスの誓い「まず何よりも患者に害をなすなかれ」には、こうした少女たちの自尊心、自己価値、感情の発達も含まれるはずですが、そうでないことも多いのが現状です。

ガットマッハー研究所によると、２０２３年現在、米国の９つの州で医療従事者が女性の避妊に関するサービスを拒否することが認められています。この情報は定期的に更新され、最新の動向は州法トラッカー（https://www. guttmacher.org/state-legislation-tracker）で追跡できます。女性や少女は、自分自身の身体の管理者になるためにエンパワーされるのではなく、他者にその決定を委ねなければならないのです。女性から身体に関するパワーを奪うことは、危険なガスライティングといえます。医療現場や国が女性を自分自身で適切な選択をする能力がない存在とみなすなら、それは女性に「ヒステリー」というレッテルを貼るのと大差ないのではないでしょうか?

事例2 シングルマザー

ナタリアは、美しい愛娘ソフィを育てているシングルマザーです。小学2年生になったばかりの娘は、複数のルーツをもつバイリンガルで、とても聡明な子でした。ナタリアは、娘のことを元気がよくて、饒舌で、大胆な子だと捉えていました。ふたりは驚くほど仲がよく、毎晩、娘のベッドに寝そべっておしゃべりをしています。ナタリアは、離婚以来、セラピーを受けていますが、仕事をしながらビジネススクールに通い、子育てを続けるのは、相当なエネルギーを必要とすることでした。

ナタリアは都合により、ソフィの学校行事にボランティアとして参加することができませんでした。それでもできる限り、娘のために顔を出すようにしていました。娘の宿題を手伝い、仕事が休みの日はふたりでおでかけをしたり、その計画を立てたりして、わが子の成長と学びを支えていました。

ある晩、いつものようにふたりでベッドに寝そべっていると、ソフィが「もう学校には行きたくない」と言いました。そんなことを口にしたのは初めてです。ナタリアはもっとくわしい話を聞こうとしましたが、ソフィはそれ以上話そうとせず、「なんでかわかんないけど」とだけ言いました。翌日、ナタリアは教員に連絡し、教室での様子を尋ねました。教員は「何も問題はないようにみえましたが」としか答えませんでした。

1ヵ月が過ぎ、ソフィの学校に対する抵抗感は、胃痛や頭痛へと移行していきました。ナタリアは、これを子どもの不安のサインと認識し、スクールカウンセラーに連絡しました。カウンセラーはナタリアとの面談の予約を受けつけましたが、カウンセリングのまえに担任に会うよう勧めました。ナタリアは同意し、担任と会う日時を決めました。

担任との面談では、ナタリアは数年前から同校で勤務しているという教員と向かい合って座りました。教員は温厚そうで、ナタリアに家庭での様子を尋ねながら、純粋に興味を示しているように思われました。ナタリアは質問に答えながら、学校での様子がまったく話題にのぼっていないことに気づきました。ナタリアは、娘が苦しんでいる理由を突き止めたいという強い思いから、そのことを尋ねました。すると、教員の態度は一変し、話を母親であるナタリアに戻すと、「シングルマザーが子育てをされるのは、本当に大変でしょう」という**ステレオタイプ化**をしたのです。

ナタリアは混乱しました。なぜ、ここでひとり親の子育てが問題になるのだろう。娘は、家ではおかしな様子はみられず、問題は学校にいるときなのに。教員はさらに、「ご家庭で親御さんに関わってもらえないことで、学校でしんどい思いをするお子さんもいます。ご存じかどうかわかりませんが、親御さんが学校に積極的に関わっている家庭のお子さんは、人望も厚く、同級生との協調性が高まるという研究結果も出ているんですよ」と続けました。

ナタリアは唖然としました。この教員は、ソフィの学校での問題を母親のせいだと**非難**したのでしょうか。ナタリアの心配は何もかも無視され、家庭が原因だろうと突き返されたのでした。面談の続きもうまくいきませんでした。その夜、ナタリアはスクールカウンセラーにメールし、思いを打ち明けました。翌日、カウンセラーから届いた返信は、全面的に教員を支持するものであり、「ナタリアのお子さんのような子どもたち」と関わってきた教員の豊富な経験について書かれていました。ナタリアは、ようやく理解しました。驚くほど感受性が豊かで、感覚の鋭いわが子が、かつて自分もそうであったように学校で疎外され、**ステレオタイプ化**されているのを感じつつあることを。小学2年生の娘は、何が起きているのかを説明する言葉をもちあわせていませんでした。打つ手もなく、学期が終わると、ナタリアはできるだけ早く別の学区に移れるように転職をしました。

翌年、ソフィは、よりインクルーシブ［多様な属性やニーズを前提とした］で、母子の価値観とも合う方針で運営されている新しい学校に転校しました。初日の授業を終えて、娘が満面の笑みを浮かべながらスクールバスを降りてくる姿を見て、ナタリアは安堵しました。学校はどうだったかと尋ねると、娘はこう答えました。「新しい学校は大好きだよ、ママ。明日が待ちどおしいな！」

事例3　唯一の黒人学生

メラニーは、もともと音楽が好きでした。高校時代にはドラムを叩き、進学先は外国であるトロントの大学しか頭にありませんでした。これまでセラピーでは何年もかけて、家族のトラウマが彼女の不安に及ぼしている影響について取り組んできました。彼女の母親は白人のカナダ人で、父親はアフリカ系アメリカ人でした。メラニーは、父親が軍隊にいた関係で、両親それぞれの文化によく馴染んでおり、あちこちを旅していたといいます。

大学に入学してから数週間後、セッションのなかで、彼女はこのまま大学を続けるべきかわからなくなるほどの、見えにくいガスライティングの例を説明してくれました。音楽史のコースのカリキュラムを眺めていたとき、有色人種の作曲家による音楽がほとんど含まれていないことに気づいたというのです。最初の1週間、クラシックジャズが取り上げられたあと、残りの学期はすべて白人文化に関連した音楽しか扱われていませんでした。

どうしたものか。彼女はセラピーで、このことについての自分の複雑な気持ちを考えました。翌週、30年近く大学で教鞭をとっている白人男性の教授がジャズについての講義を始めました。教室を見渡したメラニーは、教授だけでなく、教室にいる学生全員が白人であるのに気づきました。教授もそれに気づいたようでした。教授は話しながら、ずっとメラニーを見ていました。講義のなかで、教授が「影響力のあるジャズミュージシャンといえば、だれかね？」と尋ねました。学生が発言せずにいると、教授はメラニーの席のまえで立ち止まり、彼女にこう問いかけました。「どうだい？　聞いたことある？」彼女は身体をこわばらせ、首を振りながら、不快感が波のように押し寄せてくるのを感じました。教授はほかの学生には尋ねず、講義を続けました。

メラニーは、その講義が終わるまで、不快な気持ちで過ごしました。教授が彼女にひどい扱いをしたり、彼女の人種について悪く言ったりしたわけではないのに、何か失礼な感じがしたのです。授業が終わると、彼女はゆっくりとテキストを片づけ、ほかの学生が教室から出ていくのを待ちました。そして教授に近づき、こう尋ねました。「歴史的な黒人音楽を知っているかどうか、わたしにだけ尋ねたのには何か理由があったのでしょうか？」教授は困惑した様子で、ちらりと彼女を見ました。メラニーは続けて、「特別扱いされているようで、納得いきません」と伝えました。深く息を吐いて、自分を落ち着かせながら。教授は一瞬立ち止まり、彼女の不満を受けとめてくれるかと思いきや、そうではなく一息つくと不快そうに笑い始めました。彼は、彼女を特別扱いしたことを**否認**し、ほかの学生にも尋ねたと嘘をつきました。「すべての学生を同じようにみているが」と言いながら、黒人のルーツをもつ彼女への不快感をあらわにしました。そして、そのような批判はとても受け入れられるものじゃない、と述べました。

メラニーは、混乱しました。教授が声をかけたのは、わたしだけじゃなかったっけ？さらに教授は、「もし教室の雰囲気に居心地の悪さを感じるのなら、履修を取りやめてもかまわない」と言いました。彼は、問題を解決したり、彼女の言い分を認めたり、彼女の思いを理解しようとするのではなく、嘘をついて彼女に責任を押しつけ、まるでメラニーが問題であるかのように非難したのです。学位取得の必修科目を教えているのは自分だけであり、メラニーがこの科目を履修せざるを得ないことをわかっていながら。

学期中、メラニーは一切発言しませんでした。気軽に発言して、自信をもって自分の考えを述べ、周囲にもわかってもらおうなんて、自分には分不相応な気がしたのです。この話題について指導教員と相談することも頭に浮かびましたが、白人だけの音楽学科について考えると、それも断念しました。

事例4　広報マネージャー

ローレンは、広報の仕事に就いて20年、ひとつの会社に時間とエネルギーを注いできました。その結果、アカウントマネージャーの地位までのぼりつめ、米国内の大手食品流通業者のメディアイメージを統括するまでになりました。PR活動の手が空いているときは、同じ会社で働く専門家チームの管理もしました。

仕事を優先させながらも、女手ひとつで幼い娘ふたりを育てていました。仕事でも私生活でも、彼女は人を助け、喜ばせ、相手にこころを寄せようとしてきました。そしてかつて破綻した結婚生活で負ったトラウマから回復するとともに、自分自身のことも大事にできるようになりたいという思いから、カウンセリングを受けることにしたのです。

ある日、大きなストレスを受けた彼女は、泣きながらセラピーにやってきました。大口顧客である会社のクライエントが広報の評価が低かったことにすぐさま反応してきたため、彼女はその問題への対応にかかりきりになってしまったのです。これは彼女の業務でしたから、ローレンは万全の準備をしていましたが、予想していなかったのは、そのなかで振るわれた情緒的コントロールでした。広報業務の一環として、ローレンは大手メディアに渡すステートメントを作成しており、草稿を作成する際には綿密な調査も行いました。

そのステートメントをクライエントに送り、承認を求めたところ、クライエントは怒りと嫌悪と敵意にまみれたメールを返信してきました。彼は、電話をよこせと言ってきました。ローレンが電話をかけると、彼は彼女のことを「このバカが」と罵り、報告書に記載された数字を捏造しただろう、と非難してきました。「こんな報告に意味があると思うのか」

といった疑問を呈してみせることで、彼はローレンの仕事が「わけのわからないもの」であるかのような**聞こえないふり**の方略を使い、彼女の知性や誠実さに揺さぶりをかけてきたのです。ローレンは唖然としました。その調査は彼女が苦労して実施したもので、報告書には真実だけが記載されています。彼は「このニュースが世間に知れわたったらどうしたらいいんだ」とおそれて、そもそもこんな問題が起きたのはすべて彼女のせいだと非難しました。もっとも、彼女は広報担当者にすぎず、筋違いな発言ではありますが。彼は、もし、この記事が掲載されたら、ローレンを名誉棄損で訴えてやると脅しました。こうして情緒的コントロールと真実の狭間で、彼女はすっかりお手上げの状態になってしまったのです。そのときに感じた自信喪失を思い出すと、彼女の頬に涙が流れ落ちました。

できごとを整理してみると、彼女の能力に疑いを挟んだクライエントは完全に筋違いであり、ローレンは自分が相手の情緒的操作のターゲットになる必要はないとわかりました。とはいえ、彼女が真実を洗いざらい話したところで、彼にどんな報復をされるかわからないという心配が残ります。彼女は報告書の真実を変えないまま、一部だけ削除することに決めました。そして、プロとしての態度は崩さないまま、できるだけ彼に近づかないようにして、自分の身を守ることにしたのです。彼の対応をチームの別のスタッフに委ねて、どうしても必要なときだけ関わることにしました。別の業務に専念し、できるだけ距離を置くようにしました。

まとめ――権力のある側が話を聞くことを学ぶ

パワーは、ガスライティングの動機であることが多いですが、社会的ガスライティングも例外ではありません。本章で紹介した4つの事例で示したように、権力をもつ側が他者のウェルビーイングに対して責任ある態度をとるには、みずからのプライドや地位、パワーへの欲求を手放すことが求められます。そして、それが学びと成長につながります。4つの事例はどれも、女性が話を聞いてもらえなかったことから問題が始まっています。それによって、彼女たちが集めた情報、こだわり、感受性、アイデンティティ、個人的な経験が問題視され、**矮小化**されたのです。

スティーブン・コヴィーのベストセラー『7つの習慣―成功には原則があった！』（川西茂訳、キングベアー出版）のなかで、彼は「聞く力」について述べています。コヴィーによれば、人々はしばしば、相手の言いたいことやその人自身を理解しようとして聞くのではなく、自分が答えるために聞く習慣があるといいます。その結果、誤解や対立、共感の欠如が生じ、個人や集団に見放されたと感じさせてしまうのです。

社会的ガスライティングの事例では、何か間違いがあったり、情報や調査が不足していたりしたら、次のように言うのが得策です。「それについては、わかりかねますので調べてみます」「おくわしそうですから、教えてもらえますか」など。そして、ほかの人に任せるのです。一方、権力をもつ側には、自分のパワーを公平に分かち合おうとすることが求められます。医療的ケアに関しては、今後、女性のための研究、情報、選択肢が広がっていくべきです。これは人種的なガスライティングにもあてはまります。BIPOC［黒人、先住民や有色人種］の女性は、差別されたりステレオタイプ化されたりしやすく、彼女たちへの理解や受容の欠如が人種的ガスライティングを引き起こしています。彼女たちの話、声、体験にもっと耳を傾ける必要があり、軽視すべきではありません。権威ある立場の人々は、自分の知識やスキルに自信をもつだけでなく、文化に対する謙虚さも兼ね備えることが求められます。社会的ガスライティングをなくすのに必要なのは、知らないことについて学ぼうとする意欲と、間違えたときにそれを認める能力です。

社会的なガスライティングに立ち向かう

『ABCニュース』の主任医療特派員であるジェニファー・アストンは、女性や有色人種に対する医療ガスライティングの影響について取り上げました。彼女は、医師が患者の医療上の不安を聞いてくれないと感じたときにどうしたらよいか、いくつかの重要な方法を紹介しています。

- できるだけ症状が表れた時点にさかのぼって、症状の記録をつけておく。
- 「もしあなたが患者だとしてこれらの症状がみられたら、何を確認しますか？」と医師に尋ねる。

・可能なら、セカンドオピニオンやサードオピニオンを求める。

これらの方法は、医療ガスライティングに対して使えるものですが、起きたことを記録し、第三者（職場であれば人事部門、教育現場なら相談担当など）の意見を求めることは、ガスライティングを受けているかもしれないと思っている人を守るものとなるでしょう。

第Ⅱ部
回　復

あなたがどんなふうに自分自身を愛するかによって
あなたはあなたをどんなふうに愛すればいいか
他の人たちに教える。
——ルピ・クーア『ミルクとはちみつ』(野中モモ訳)

第Ⅱ部では、回復を促進するツールとして、マインドフルネス、セルフコンパッション、自己調整、自己受容を高める方法、さらに、アサーティブネスと境界線の設定について紹介します。これらはどれもガスライティングと情緒的コントロールからの回復に重要なものです。

変化に向けた最初のステップは、認識することです。第5章と第6章は、過去のトラウマや情緒的コントロールと向き合うのを助けてくれるでしょう。そのうえで、第7章では、あなたが陥っている不健全なパターンを探します。それによって、回復が促され、よりはっきりした自己意識をもてるようになります。

章が進むにつれて、ワークのなかにはむずかしいと感じられるものが出てくるかもしれません。ゆっくりと時間をかけてやりましょう。自分の気持ちをじっくり観察し、自分の期待を調整するのです。回復は、あなた自身の旅路です。自分のペースとタイミングで取り組んでください。

第5章 過去のトラウマと向き合う

この章では、関係性トラウマが人生や健康全般、ウェルビーイングにどんな影響をもたらすのかを理解していきます。幼少期のトラウマは、生涯にわたり、他者への信頼や自分のニーズを安心して表現するむずかしさといったアタッチメントの傷つきをもたらします。トラウマは健全なアタッチメントに影響を与えるため、この章では、この先、もっと安心できる関係性を築けるように、現在のアタッチメントパターンに対処する方法も探ります。ここで学んだ知識を、現在、さらには将来的な関係性を考えるのに役立ててください。

TRAUMA（大文字のトラウマ）vs. trauma（小文字のトラウマ）

トラウマ反応は、おそろしいできごとが人の対処力を超えていたときに生じるものです。トラウマが長期的な問題を引き起こすかどうかは、次のような要因に左右されます。その状況に立ち向かったり離れたりする力、レジリエンス、サポート、長期的な傷つきをもたらすできごと（たとえば、大切な人や頼りにしていた人の喪失）など。身体的な安全を脅かさないトラウマは、「トラウマ」とはいえないと過小評価されがちです。しかし、どんな場合でも支援や治療を求めることが重要ですし、どんなタイプのトラウマであるかを理解することが、そうした体験がもたらす影響を把握し、回復と癒しを促進するのに役立ちます。次のワークは、トラウマをtrauma（小文字のトラウマ）とTRAUMA（大文字のトラウマ）の2つのカテゴリーに分類してみるものです。

学ぶこと

- 心的外傷後ストレス症（PTSD）やメンタルヘルスについて考える際、見過ごされがちな人間関係のトラウマをどのように見つけるか
- trauma（小文字のトラウマ）とTRAUMA（大文字のトラウマ）の違い

必要なもの

- リラックスして注意力が高まった状態での10分間
- 人生に大きなダメージをもたらした現在および／または過去のトラウマの記憶

ワーク

研究が進むなかで、トラウマとはできごとそのものというよりも、その体験を人がどう認識するかが重要であることがわかってきました。人の身体感覚、信念、思考を圧倒し、生命を脅かすような1回きりの異常なできごとは、TRAUMA（大文字のトラウマ）と呼ばれます。TRAUMAは、こころの傷になることがわかりやすいかもしれませんが、トラウマはそれに限りません。人間ならばだれでも、trauma（小文字のト

ラウマ）の影響を受ける可能性があります。traumaとは、暴力や災害にあうことではなく、「こころがバラバラになるような」苦痛を引き起こすものです。

以下に、あなたが経験したかもしれないtraumaとTRAUMAの両方のできごとのチェックリストを示します。自分が何に耐えてきたかを認識し、それがどんなふうに呼ばれるものかを知ることは、回復のプロセスを促進します。

それぞれのリストで、経験したことがあるトラウマにチェックを入れてみましょう。トラウマの記憶は、起承転結のある明確な物語ではなく、イメージや身体感覚に記憶されるものなので、トラウマにまつわる詳細を覚えている必要はありません（たとえば、幼い頃にできごとについて聞かされただけで詳細は思い出せない、など）。

trauma（小文字のトラウマ）体験

- □失恋
- □転居
- □ペットの死
- □生命に別状のない病気やケガ
- □失業
- □心理的虐待
- □いじめ
- □疎外・排除
- □仲間外れ
- □ガスライティング

TRAUMA（大文字のトラウマ）体験

- □レイプ・暴行
- □災害
- □ホームレス
- □他者の死の目撃
- □大切な人の死
- □身体的虐待
- □子ども時代の虐待・ネグレクト
- □戦争
- □凶悪犯罪
- □重大な交通事故
- □医療トラウマ

trauma の場合、被害の回数や程度によって影響は大きくなります。ストレスを強く感じるほど、それらのトラウマが困難なことに対処する能力であるレジリエンスに影響を与えます。トラウマについて感じていることを安全な方法で表出するなどのレジリエンススキルを実践することで、悪影響は軽減されます。

TRAUMA の場合、トラウマに対して「抵抗する」もしくは「何かする」といった対処ができず、なすすべがなかったと感じると、その影響は深刻化します。できごとから1ヵ月間はトラウマ症状がみられるのがふつうですが、3ヵ月を過ぎても症状が持続し、日常生活や人間関係に支障をきたす場合、PTSDのサインかもしれません。その場合は、医療機関を受診し、専門的な支援とアセスメントを受けるのが有益です。

子ども時代のトラウマに気づくＡＣＥチェック

１万７０００人以上が参加した小児期逆境体験（ＡＣＥ）研究（１９９５〜１９９７年）は、小児期のトラウマに関する大規模な調査であり、現在でもトラウマの治療やトラウマによる健康への影響を理解するのに役立っています。多くの臨床医や研究者が、自分が関わる患者のトラウマのレベルやリスク因子を評価するためにＡＣＥ尺度を活用しています。この調査は、さまざまなタイプの虐待やネグレクト、そして子ども時代の困難な体験を得点化するもので、ＡＣＥの有無によって、その後の人生における身体的健康やメンタルヘルス上の問題をかなり予測できることがわかっています。

ＡＣＥスコアは、人の将来を総合的に予測するものではありませんが、指針として活用することができます。ＡＣＥ尺度では、現在の生活状況は考慮されていないので、将来の健康状態がどうなるかは、あなたの力にかかっています。

学ぶこと

- 子ども時代のトラウマが将来の健康状態にどのような影響を及ぼすか
- 回復のツールがいかにレジリエンスを高め、小児期逆境体験の影響を軽減するか

必要なもの

- リラックスして注意力が高まった状態での10分間
- 子ども時代のできごとの記憶の一部（すべてでなくても可）
- （必要なら）日記

ワーク

ACE尺度

18歳までに、あなたは次のような体験をしましたか。

1 親や同居している大人が、頻繁に、または日常的に

a あなたを罵ったり、侮辱したり、おとしめたり、恥をかかせたりしましたか？

b ケガをさせられるかもしれないとおそれるような行為をとっていましたか？

いずれか、もしくは両方が「はい」の場合は、「1」を記入【　　】

2 親や同居している大人が、頻繁に、または日常的に

a 押したり、つかんだり、平手打ちしたり、何かを投げつけたりしましたか？

b あざが残ったり負傷したりするほど強く叩いてきましたか？

いずれか、もしくは両方が「はい」の場合は、「1」を記入【　　】

3
大人か、5歳以上年上の人が

a　性的な方法であなたに触れたり愛撫したり、相手の身体に触らせたりしたことがありますか？

b　口腔性交、肛門性交、膣性交を試みたり、実際にしたりしたことがありますか？

いずれか、もしくは両方が「はい」の場合は、「1」を記入【　　】

4
頻繁に、または日常的に、次のように感じましたか？

a　家族のだれからも愛されていない、あるいは自分が大切で特別な存在だと思われていない。

b　家族がお互いに関心がない、親しみを感じていない、助け合っていない。

いずれか、もしくは両方が「はい」の場合は、「1」を記入【　　】

5
頻繁に、または日常的に、次のように感じましたか？

a　十分な食事がなく、汚れた服を着なければならず、自分を守ってくれる人がいない。

b　親のアルコール・薬物依存により面倒をみてもらえなかったり、必要なときに病院に連れて行ってもらえない。

いずれか、もしくは両方が「はい」の場合は、「1」を記入【　　】

6

両親が、別居または離婚しましたか？

「はい」の場合は「1」を記入【　　】

7

母親または継母は

a　頻繁に、または日常的に、押されたり、つかまれたり、平手打ちされたり、何かを投げつけられたりしていましたか？

b　時々、頻繁に、または日常的に、蹴られたり、噛まれたり、拳や何か硬いもので殴られたりしていましたか？

c　少なくとも数分間繰り返し殴られたり、銃やナイフで脅されたり負傷したりしたことがありますか？

いずれか、もしくは複数が「はい」の場合は、「1」を記入【　　】

8
酒癖が悪い人やアルコール依存症の人、あるいは薬物を乱用している人と同居していましたか？

「はい」の場合は「1」を記入【　　】

9
家族にうつ病など精神疾患を患っていた人や、自殺未遂をした人はいますか？

「はい」の場合は「1」を記入【　　】

10
家族のなかに刑務所に入った人はいますか？

「はい」の場合は「1」を記入【　　】

「はい」の数の合計【　　】

これがあなたのACEスコアです。

スコアの解釈：気になる健康状態（重度のアレルギーや喘息など）がなく、ACEスコアが1～3の場合、有害なストレスは「中リスク」です。ACEスコアが1～3で少なくとも1つのACE関連疾患がある場合、もしくはACEスコアが4以上の場合は、有害なストレスは「高リスク」（身体的または精神的な健康問題が悪化する可能性がある）です。

ACE尺度には過去のトラウマが具体的に描写されているので、自分のACEスコアをつけるのはつらかったかもしれません。この尺度では、健康状態を改善するために努力したことはカウントされないことに留意する必要があります。レジリエンスを高めるための取り組みはどんなことでも、精神的・身体的なウェルビーイングにポジティブな影響を与える可能性があります。自分のACEスコアを自覚することで、自分が乗り越えてきたことを認識し、自分の努力を認めて、セルフコンパッションを実践すれば、これまでのサイクルを断ち切るためのモチベーションになるはずです。

トラウマボンドとは何か

全米ドメスティック・バイオレンス・ホットラインによると、DVサバイバーが加害者から離れるまでには7回以上の試みが必要だとか。その問題の中心にあるのは、暴力やコントロールのサイクルの基本的な部分にあるトラウマボンド（トラウマティックな絆）です。このサイクルには、緊張の高まり、爆発・暴力、和解・修復、ハネムーン・平穏という4つの段階があります（56頁の図を参照）。

トラウマボンドは、あらゆるタイプの関係性にみられるものですが、それが気づかれにくいのは、激しい愛情を向けるという加害者の修復の試みが関係性のネガティブな側面を覆い隠してしまうからです。健全な関係性を選択し、不健全な関係性に終止符を打つタイミングを知るためには、トラウマボンドについて理解することが欠かせません。

学ぶこと

- トラウマボンドはなぜ形成され、どのように維持されるのか
- トラウマボンドの典型的なサインと特徴の見分け方

必要なもの

- リラックスして注意力が高まった状態での10分間
- 不安を覚えた関係性についての記憶

ワーク

以下の質問は、トラウマボンドで経験する一般的な特徴や感情を示したものです。正直に答えれば、自責の念から解放され、セルフコンパッションを実践することにも

なります。じっくり考えて答えてください。選んだ回答にチェックを入れましょう。

1

相手を愛し、恋しく思う気持ちと、相手があなたにしたことに対して激しい怒りを感じる気持ちが、交互に繰り返されているように思いますか？

□はい、少なくとも時々ある　　□いいえ、一度もない

2

相手があなたを不当に扱っているにもかかわらず、相手があなたにしてくれたことに対して、借りがあるように感じますか？（たとえば、あなたの家、学校、車、健康保険などの費用を支払ったり、経済的な面で世話をしてくれたりしたことがありますか？）

□はい、少なくとも時々ある　　□いいえ、一度もない

3

相手が成長し、よりよい人になるよう手助けしなくちゃというような責任を感じますか？　もしそうなら、うまくいかなかったときに、腹立たしさや罪悪感を覚えますか？

□はい、少なくとも時々ある　□いいえ、一度もない

4
相手のウェルビーイングは自分の責任であるように感じていて、自分が離れたら相手がどうなってしまうか心配になることはありますか?

□はい、少なくとも時々ある　□いいえ、一度もない

5
相手の不健全な言動をカバーするために、あなたが言い訳したり、「たいしたことではない」と過小評価したりすることがありますか?

□はい、少なくとも時々ある　□いいえ、一度もない

6
相手の幸せや良好な関係を維持するために、相手の気分を害さないように慎重に振る舞わなくちゃと感じていますか?

□はい、少なくとも時々ある　□いいえ、一度もない

7

現在、あるいは過去にあなたがしたことのせいで、こんなにもネガティブな評価や扱いを受けるのは当然なのだろうかと疑問に思うことはありますか？

□はい、少なくとも時々ある　□いいえ、一度もない

8

罪悪感を抱かせられることが多いですか？

□はい、少なくとも時々ある　□いいえ、一度もない

9

相手と別れることを想像したことはありますか？　あるいは、別れようとしたけれど、何らかのおそれ（たとえば、見捨てられ不安、経済的困窮、ひとりぼっちになること、周囲にどう思われるかなど）のために離れられなかったことがありますか？

□はい、少なくとも時々ある　□いいえ、一度もない

10

相手から頻繁に（身体的、情緒的、性的、精神的、あるいは金銭的に）支配されているように感じますか？

□はい、少なくとも時々ある　□いいえ、一度もない

もし3つ以上の項目に「はい」と答えたなら、トラウマボンドがあるかもしれません。関係性における力動がどれだけ深刻であるかは状況によって異なりますが、たとえ1つの項目であっても、安全やパワーの不均衡を引き起こすトラウマボンドのサインの可能性があります。

トラウマがアタッチメントに与える影響

アタッチメント理論は、1950年代にジョン・ボウルビィによって最初に提唱され、のちにメアリー・エインズワースが進展させました。おもに母子のアタッチメントに焦点をあてたエインズワースは、健全なアタッチメントを「探索のための安全基地」と表現しました。アタッチメント理論の基礎は、乳児にとっての目標は養育者との結びつきを維持することである、というものです。『不安なアタッチメント―人生と愛にもっと安心できるようになるために

学ぶこと

- アタッチメントスタイルの4類型
- トラウマがアタッチメントスタイルに与える影響
- 安定型アタッチメントの特徴を知って、より安定したアタッチメントにするにはどうしたらよいかを考える

必要なもの

- リラックスして注意力が高まった状態での15分間
- 恋愛関係のなかで自分がどんなふうになりやすいかを振り返ること
- ペンと紙

(*Anxiously Attached: Becoming More Secure in Life and Love*)』において、カップルカウンセラーのジェシカ・バウムは、「本当の」自分でいられる関係性のなかで、「存在のさらに深いところまでアクセスし、本当の自分を受け入れてもらえる喜びを見出すことができる」と述べています。成人期においては、これはパートナーとの関係のなかでニーズを満たしてもらうことだといえます。安定したアタッチメントの例としては、自分がほしいものや必要なものを求めて感情を表現すること、境界線を設定すること、信頼できる人を選んで一緒に過ごすことなどが挙げられます。安定したアタッチメントが育まれると見捨てられ不安が少なくなるので、より自立した、信頼を寄せられる人になります。

自分のスタイルを知っておくことは、現在や将来のパートナーとのつきあい方を考えるのに役立ちます。ボウルビィはアタッチメントスタイルとして、安定型、回避型、アンビバレント型、無秩序型の4種類を挙げています。

安定型アタッチメントとは、自分も相手もそれぞれが自分の意志を大切にし、ニーズや感情について自信をもって表現できる状態のことです。

トラウマが引き起こす3つの「不安定な」アタッチメントスタイルには、次のようなものがあります。

・**回避型アタッチメント**は、よそよそしかったり、無愛想にみえたりすることがあります。また、親密さや弱みをみせる人に対して不安になることもあります。

・**アンビバレント型アタッチメント**は、パートナーとの関係性や、相手の意図や感情にとらわれているようにみえます。この絶え間ない不安は、強迫的な思考や心配でいっぱいいっぱいになると、ためらいや逡巡といったアンビバレントな状態として表れることがあります。

・**無秩序型アタッチメント**は、関係性のなかでコンプレックストラウマ［幼少期の養育者からの虐待・ネグレクトなどによる慢性・反復的なトラウマ］を経験したあとにみられやすいもので、見捨てられ不安がある一方で、親密さに対する恐怖や回避的な反応が生じます。

子どものニーズが満たされないと、子どもは親密さを取り戻そうとして、たとえその方法が自分にとって有益なものではなくても、それで自分の行動を調整します。非常に批判的な養育者に育てられる子どもの例を考えてみましょう。もし、その子どもが養育者のそばにいるとこわくなったり、安全ではないと感じたりしている場合、子どもはそれによって自分が「愛されない」存在となることをおそれて、自分の感情をあまり表さないようになるかもしれません。その結果、子どもは養育者が考えていることなんて気にしていないかのように振る舞い、強い感情や不安を感じても養育者のそばに寄っていくことなく、回避的になるでしょう。おとなになってからは、批判されるのをおそれて人づきあいを避けたり、親しくなろうとしてくる相手を遠ざけたりするようになります。恋愛面では、だれに対しても無関心だったり、「わざとつれない態度をとる」ようにみえるかもしれません。

ワーク

以下は、4つのアタッチメントスタイルそれぞれの特徴として挙げられる10項目です。過去と現在のパートナーとの関係を振り返って、各カテゴリーからもっともあてはまるものにチェックを入れてください。そのあと、各スタイルのチェックの合計数を記入します。もっとも多くチェックがついたものが、あなたのスタイルです。

安定型

□親密な関係性が心地よい

□必要なときに、パートナーに頼ったり、頼られたりすることができる

□信頼している、共感できる、相違点を受け入れられる

□許すことができる

□パートナーが「別々に過ごそう」と言ったとき、拒絶されているとか、脅されていると感じることなく、応じられる

□親密でありながらも自立している（「依存と自立」のバランスがとれている）

□感情やニーズを率直に伝えられる

□相手のニーズを察し、適切に対応できる

□葛藤が生じても、逃げ出さずにとどまれる

□人間関係の問題に関するさまざまな感情を調整できる

合計［　　］

回避型

□情緒的に距離を置いており、親密さを拒絶する、パートナーとのふれあいを避ける

□パートナーが求める距離感は、自分には近すぎると感じる

□コミュニケーションは知的な会話が中心で、感情を話すのは苦手

□とにかく対立は避けたい、さもなくば感情を爆発させてしまう

□感情の幅が狭い（冷静、抑制的、ストイック）

□親密さは自立性がないようなものだと思う、一緒にいることよりもひとりでやることを好む

□パートナーに頼れない、あるいはパートナーに「寄りかかる」のをよしとしない

□ひとりの時間を好む

□危機に強い、感情的にならない

□場を仕切る

合計［　］

アンビバレント型

□親密な関係性に不安があり、拒絶されたり見捨てられることを心配している

□いつもパートナーとの関係を気にしている

□パートナーの気分や行動に非常に敏感、パートナーの言動に耐えている

□非常に感情的で、ときに口論やけんか腰になったり、怒ったり、支配的になったりする

□愛情に飢えている、パートナーとの関係を確認したがる、もっと密接になりたい
□未解決の過去の問題が現在のパートナーとの関係の捉え方に影響している
□自分の境界線があいまい
□コミュニケーションは協調的ではなく自己防衛的である
□不安になると責任を他者に転嫁する
□態度が一貫せずに気分屋、もめることで他者とつながろうとする

合計【　】

無秩序型

□過去の未解決のトラウマについての考えや感情が整理されていない
□パートナーとの関係における情緒的な親密さに耐えられない
□けんか腰
□情動調整ができない
□もめごとの最中に、苦痛を避けるために解離〔意識や記憶が途切れるトラウマ反応〕し、もうろうとする状態になる
□反社会的な行動をとり、共感と自責の念のあいだで苦しむ

□過去にあった暴力的で機能不全な関係性のパターンを再現する
□侵入的なトラウマの記憶とトリガー［トラウマ記憶を思い出させるきっかけ］がある
□攻撃的で懲罰的
□傷つくことをおそれ、自分のニーズばかり考える

合計［　　］

ポイント

・アタッチメントは状態特性（ほとんどの状況にあてはまる思考、感情、行動の特徴的なパターン）ではなく、むしろ過去の人間関係の結果による学習された反応パターンであり、現在の人間関係も影響しています。つまり、安全な関係性のなかで、安定したアタッチメントを築ける可能性があるということです。
・過去のトラウマティックな人間関係によって、無秩序で不安定なパターンができあがる一方で、人の脳には神経可塑性［刺激によってつねに機能や構造が変化するという神経の性質］によって神経回路を配線し直す能力や、成長と再組織化によって変化する能力もあります。同じような関係性を何度も繰り返すと、信念であれ、

習慣や新たに身につけたスキルであれ、さらにアタッチメントスタイルであれ、脳のなかでより存在感を増していくのです。

- スタンフォード大学の教授で神経科学者のアンドリュー・ヒューバーマンによれば、新たな行動への集中力を高めたあと、眠らない深い休息（NSDR）として瞑想を行いながら睡眠や休息をとると、ポジティブな神経ネットワークを強化することができます。
- さまざまな人間関係によって、異なるアタッチメントスタイルが生まれます。たとえば、安全を感じられる健全な関係性があれば、自己表現が豊かになるでしょう（安定型アタッチメント）。反対に、ガスライターによって自分の感情が過小評価され、相手が間違っているのに自分が非難されたりすれば、**防衛的なスタイル**になるものです。もめごとに直面すると、過去に安全を維持しようとしたときの防衛的なスタイルが、その後の有害な関係性のなかでもとられるようになります。
- 健全な関係性においても、脅威を感じたり、トリガーとなる刺激にさらされたりしたときに、防衛的なスタイルが表れることがあります。自分のアタッチメントスタイルをパートナーに伝えておき、トラウマ反応が表れたときに対話することは有益です（たとえば、息苦しくなったらその場を離れるかもしれないと伝える、など。パートナーを非難することなく、健全な方法で安全な空間やこころの余裕を求めることができます）。

・アミール・レバインとレイチェル・ヘラーの革新的な著書『異性の心を上手に透視する方法』（塚越悦子訳、プレジデント社）では、組み合わせが悪いアタッチメントスタイルがあり、とくに回避型とアンビバレント型は相性がよくないと指摘しています。この2つのスタイルは相反する特徴をもっており、お互いに相手を刺激するトリガーになる可能性があります。トリガーに反応すると、どちらも危険を感じてカッとなり、安定して、安全な、信頼感のあるつながりを築くことがむずかしくなります。

訳注：本書では、幼少期の4つのアタッチメントスタイル（安定型、回避型、アンビバレント型、無秩序型）をもとに、成人後のパートナーとの関係性の傾向が説明されています。不安定なアタッチメントスタイルとされる回避型、アンビバレント型は、必ずしもトラウマが引き起こすものとは限らず、一般にもみられる機能的なスタイルに含まれています。また、幼少期の養育者との関係性は、その後の人間関係の基盤となるのは確かですが、人はさまざまな人との出会いや関わりを通して、アタッチメントスタイルを変化させていきます。成人のアタッチメントスタイルにも異なるパターンがみられます。ここでの分類や説明は、ご自身の対人関係を理解するヒントのひとつとして活用してください。

主観的不安尺度（SUDS）

安全ではない、あるいは制御できないと感じることは、トラウマから回復しようとしている人にとって有害です。トラウマは身体に蓄積されるため、身体はストレスに対して非常に敏感になります。トリガーによって生じる身体的なトラウマ症状は、表れるときもあれば表れないときもあるので予測がつかないと感じるかもしれません。トラウマ反応はやがて収まると理解しておくことは、症状が出たときの対処として有力な方法です。

トラウマ反応を測定する方法のひとつは、精神科医ジョセフ・ウォルフェによって1950年代に作成された主観的不安尺度(Subjective Units of Distress Scale：SUDS《サッズ》)を用いることです。SUDSは自己報告式尺度で、現在経験している混乱や苦痛の主観的な強さを0から10の段階で測定します。SUDSは、トラウマ反応の強さを測るのに役立ち、どんなトリガーが身体に強い苦痛を引き起こすかについての洞察にもつながります。わたしの臨床経験では、4以上の苦痛を経験しているクライエントには、グラウンディングや対処法を用いるように勧めています。7以上であれば、より集中的な介入や専門的な支援が必要かもしれません。

学ぶこと

- 苦痛やトラウマ反応に関連するよくある身体症状
- ストレスへの気づきとレジリエンスを高めるための主観的不安尺度（SUDS）の使い方

必要なもの

- リラックスして注意力が高まった状態での10分間
- SUDS尺度のワークシート
- ペンと紙

ワーク

SUDSを温度計で表し、主観的不安（SUDS）の強さを視覚化してみましょう。これは人によって異なります。ある人には非常に強い反応を引き起こす状況であっても、ほかの人は全然違うかもしれません。このワークでは、0から始めて、そのSUDから連想される感情や経験を特定します（たとえば、0は瞑想や昼寝かもしれません）。尺度の点数を上げていくときは、一気に高い点数に「ジャンプ」しないように注意してください。たとえば、「同僚とのもめごと」は70点くらいに思えるかもしれませんが、もっと強烈な経験（たとえば、「大切な人の喪失」など）を考えると、先に記入した得点は下げることになるでしょう。これはふつうのことで、自分のSUDSをよく考えることにつながります。とくにトラウマを経験した人は、苦痛への耐性が弱くなるため、低得点と考えられることであっても（たとえば、「仕事に遅刻した」など）、想定以上に強い反応を引き起こすことがあります。

温度計を作るときは、自分に優しく、落ちついて、好奇心をもって作業に臨みましょう。つらくなったら、第8章と第9章にある自信を高めるワークとセルフラブの実践をしてから、続きをやってください。

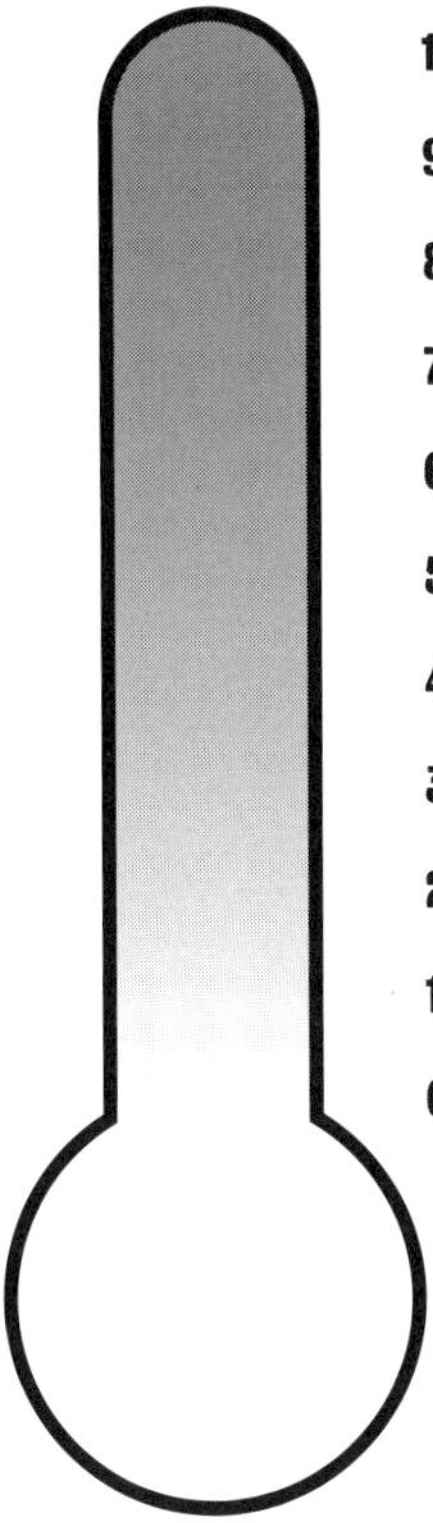

100 高い苦痛レベル

90 ______________________________

80 ______________________________

70 ______________________________

60 ______________________________

50 中程度の苦痛レベル

40 ______________________________

30 ______________________________

20 ______________________________

10 ______________________________

0 苦痛レベルゼロ

苦痛の身体的サイン（および一般的な身体面のトラウマ反応）

- 発汗
- 動悸、震え
- 浅くて乱れた呼吸、深く息を吸い込むことができない
- 身体の興奮状態（うろうろする、歯ぎしり、筋肉のこわばり）
- 胃の不調、食欲不振
- 混乱、自分の身体やその場から切り離されたように感じる解離
- 疲労困憊

自分のSUDS温度計ができたら、今後、ストレスフルな状況で活用してください。自分に「今、わたしの得点はどれくらいだろう？」と問いかけてみましょう。もし40に近づいていると感じたら、できるだけ早く対処法を使ってください。対処法には、呼吸法、精神的グラウンディング（例：10から0までのカウントダウン、あたりを見渡して目に入ったものに意識を向ける）、運動による緊張ほぐし（例：腕立て伏せ、散歩、冷たい水で顔を洗う、ダンス）、休息などがあります。40以下の低いレベルで対処するのも、すばらしいストレス管理の方法です。トラウマによって生じうる反応を未然に防ぐことになるからです。

「気持ちは変わるものだから」という言葉を覚えておいてください。これは、一般的なストレスについてもいえることです。苦痛が軽減したタイミング（SUDS得点が下がったとき）に注意を向けると、感情には初めと終わりがあることが認識しやすくなるでしょう。

まとめ

レスマー・メナケムは、次のように述べています。「個人のトラウマは、時間の経過とともに文脈から切り離され、その人の人格のようにみえる。家族のトラウマは、時間とともに文脈から切り離され、家族がもっている特徴のようにみえる。人々のトラウマは、時の流れとともに文脈から切り離され、文化のようにみえる」

女性として、対人関係において多くの責任を負わされていると、本当は、自分自身との関係もそれと同じように、いえ、他者との関係以上に重要であることを忘れてしまいがちです。現在あるいは過去のストレス要因やトラウマを探ることによってトラウマ反応のトリガーを認識することは、今ある関係性やメンタルヘルス、自己の感覚への洞察を深める効果的な方法です。過去を振り返るのは容易ではありませんが、自分が何に耐えてきて、何を乗り越えられたかを認識することは、自分の未来を築き、自分がとってきた行動はどれも自然なことだと思えるようになるのに役立ちます。これは、ガスライターがあなたの過去に疑念を挟んだり、過小評価したり、矮小化したりする際にも、きわめて重要なことです。

メナケムが説明するように、わたしたちはトラウマそのものではなくトラウマを体験した人なのです。彼の言葉を女性にあてはめてみると、こんなふうに言えるでしょう。「女性のトラウマは、時間の経過とともに文脈から切り離され、ジェンダーのようにみえる」

第6章
自分の感情を守る

ガスライティングは、あなたの健康や機能を害することを目的とした情緒的コントロールのひとつですが、この章はあなたの力を高めていくのに役立つものです。ここで紹介するツールは、自分自身を守るために、健全な境界線を設定し、自分が求めているものやふさわしいものを取り戻す力を与えてくれるでしょう。また、ガスライティングに直面したときに有効な葛藤解決と自己主張の仕方も学びます。さらに、自分がガスライティングの被害を受けていることを認識できれば、ガスライティングを見極め、それを阻止するための重要な洞察が得られます。

情緒的コントロールのタイプを知る

情緒的コントロールには、被害者を支配し、孤立させ、情緒的に

学ぶこと

- さまざまなタイプの情緒的コントロールの見分け方
- 健全な表現と暴力的な表現を見分ける方法

必要なもの

- リラックスして注意力が高まった状態での10分間
- 現在または過去のパートナーとの関係を振り返るための記憶
- ペンと紙

操作し、脅して、恐怖を抱かせるためのあらゆる試みが含まれます。情緒的コントロールのなかには、わかりやすく明らかなものもあれば、時間が経つうちに微妙なサインが表れてくるものもあります。情緒的コントロールは、身体的な暴力ではありません。そうではなく情緒的コントロールの目的は、相手の考えや感情を傷つけることです。自分が情緒的コントロールを受けているかもしれないと察することは、その有害な影響から自分を守るための効果的な方法です。

ワーク

恋愛関係における情緒的コントロールがなかったか、これまでの体験を振り返ってみましょう（必要なら、さまざまな関係性についてもワークをやってみてください）。「屈辱・批判」「支配・恥辱」「抗議・非難」「無視・孤立」の4つのカテゴリーがあります。各カテゴリーには、情緒的コントロールの具体的なタイプを説明するためにそれぞれ動機となりうる要因の概説と例が示されています。

- 現在あるいは過去の人間関係で経験したことがある情緒的コントロールをチェッ

クします。

もしくは、

・これまでに経験したガスライティングの方略を別紙に書き出します。

・各カテゴリーでいくつ経験したものがあるか確認します。

屈辱・批判

自尊心や自己価値を攻撃する方略です。たとえば、次のようなことをします。

・悪口、見下した呼び方　・怒鳴る　・苦労してやったことをからかう
・人格攻撃　・小バカにする
・昔の過ちを持ち出す　・公の場で恥をかかせる　・容姿を侮辱する
・失敗にばかり注目する　・軽蔑する　・関心や考えを笑う

支配・恥辱

パワーと支配力を行使し続けようとする方略で、同時に、相手に至らないという感覚を抱かせるものです。支配の方法には、次のようなものがあります。

- あなたやあなたの大切な人を傷つけると脅す
- 居場所を監視する
- デジタルツールを使って追跡する
- ガスライティング
- 決定権を握る
- 金銭管理をする
- 罪悪感を抱かせる
- 何でも教えようとする
- 命令する
- 度重なる根拠のない暴言・暴力
- 無力なふり〔自分にはできないと言い訳をして何もやらない〕
- 予測できない言動
- 出て行く、出て行くと脅す
- 距離をとる（あなたを締め出し、無視する）

抗議・非難

加害者がターゲットよりも上位に立ち、上下関係を維持しようとする方略です。たとえば、次のようなものがあります。

- 根拠のない嫉妬
- 罪悪感を抱かせる
- パートナーから完璧すぎる状態を期待される
- 些細なことで責められる
- コントロールのための言動を否認する

- あなたの感情を矮小化する
- 自分の問題をあなたのせいにする
- わざと問題を起こしておきながら、やっていないと否認する

無視・孤立

あなたをサポートネットワークから孤立させる方略で、自分のニーズだけを優先し、相手のニーズをないがしろにするものです。次のような方略があります。

- 目を合わせない
- あなたを社会的な交流に参加させない
- 境界線を侵害する
- あなたとあなたの家族に割り込み、疎遠にさせる
- だんまりを決め込む
- 愛情を出し惜しみする
- あらゆるコミュニケーションを遮断する
- 周囲をあなたの敵に回すために画策する
- あなたに支援が必要なときでも、不要だと否認し、失意に追いやる
- 加害者に関心を向けずにいると、あなたがしていることを邪魔する
- あなたの感情を切り捨てる

あなたが経験したことのあるコントロールの例を挙げてから、次の質問に答えてください。

わたしをコントロールしようとした相手と関係性

その人物がわたしに情緒的コントロールをした方法

そのコントロールについて、わたしが今、感じることもし望むなら、最後に、次の言葉を口にしてみるのもよいでしょう。

「**わたしはこの体験を情緒的コントロールだと認識しています。わたしは、必要に応じて、サポート、援助、安全を求めるに値する存在です**」

今まさに身体的暴力を受けるおそれがある場合は、できる限り安全な場所に避難しましょう。警察や救急に助けを求めることもできます。

共依存的なパターンに気づこう

共依存について自覚することは、共依存のパターンを持続させないためのセルフエンパワメントの最初の一歩です。このツールは、共依存に巻き込まれているときによくみられる〈問題のあるパターン〉に気づきやすくするものです。

共依存という用語は、他者との閉塞的で不健全なつながりのことで、しばしば自分自身のニーズや健康を犠牲にします。この説明は、共依存の複雑な要素の一部であって、問題の全容を表すものではありません。ガスライティングや情緒的コントロールという操作に

学ぶこと

- ガスライティングと情緒的コントロールが共依存を引き起こすメカニズム
- 共依存の典型的なパターン
- 共依存の支援リソース

必要なもの

- リラックスして注意力が高まった状態での20分間
- ペンと紙

よって、被害者の自尊心は低下してしまいます。そうすると、被害者は共依存のリスクが高まります。自分のニーズをなおざりにして他者を優先するようになると、その人にとっても有害となる共依存のパターンに陥ってしまう可能性があります。

共依存とは、必ずしもネガティブなものとは限りません。たとえば、母親と赤ちゃんのように、**そのときは**共依存的な関係があたりまえの場合もあります。ですが、成長するにつれて別々の存在として育っていくことが健全といえます。共依存関係がセルフエンパワメントを妨げると、自尊心やメンタルヘルス、さらには身体的健康にも害を及ぼします。

共依存関係や自分の共依存のパターンを見つけて、受け入れるのはむずかしいことです。あるクライエントは、自分の共依存的な行動を「恥ずかしい」と感じていました。共依存であることが、あなたのすべてではないことをお忘れなく。そうではなく、共依存は、不健全な関係性や環境を生き抜くなかで発達してきた一連の**対処スキル**なのです。

ワーク

ここで紹介する包括的なチェックリストは、「健全で愛のある人間関係を築くことを共通の目的とする人々の共同体」として1980年代に設立されたCo-Dependents

Anonymous（CoDA.org）から直接提供されたものです。これは自己探求と気づきのために、12ステップ［依存症からの回復の指針として、アルコールや物質依存症者の匿名グループで用いられている］に取り組むグループで新メンバーに渡されるものです。

リストに目を通して、あなたにあてはまる部分にマーカーを引いたり、別の紙を使って自分のリストを作成したりしてみましょう。自分や経験したことに似たパターンが見つかったら、CoDA.orgでさらにくわしいリソースを探してもよいかもしれません。

自分にあてはまりそうなパターンがわかると、同じような経験をした人たちから支援を受けやすくなります。CoDA.orgは、共依存から回復するためのオンラインと対面グループの両方を探せるだけでなく、このトピックに関するくわしい情報を知るのにすばらしいリソースです。

共依存のパターンと特徴［CoDA.orgの許諾を得て転載。訳文はCoDAジャパンによる『CoDAミーティングハンドブック』に依拠した］

次のリストは、自己評価の助けとなるツールとして活用されているもので、共依存に気づいて間もない人にはとくに役立つでしょう。また、回復してしばらく経った人にとっても、まだ注意を払ったほうがよいことや変えたほうがよいことを判断するのに役立つはずです。

否認のパターン

しばしば共依存症者は、

1 自分が何を感じているかを確かめるのが非常に困難である

2 自分が本心から感じていることを軽視したり、簡単に変えたり、打ち消したりする

3 自分は他人の幸せのために自分を捧げる、完全に利己心のない人間であると感じている

4 他者の感情や欲求に対して共感する力が不足している

5 自分の否定的な特徴を認めないで、それを他人が持っているとみなす

6 他人の助けを借りなくても自分の世話ができると考えている

7 怒ったり機嫌をとったり孤立したりする等さまざまな方法で、苦痛を隠す

8 あからさまでない間接的な方法で、消極的な気持ちや攻撃性な気持ちを表す

9 自分の惹かれる人々が、自分の役に立っていないことを受け入れられない

自己評価が低いパターン

しばしば共依存症者は、

1 決断を下すのが非常に困難である

2　決して、自分が考えること、話すこと、なすことのどれにも合格点を与えず、厳しく判定する
3　表彰されたり、賞賛を受けたり、贈呈を受けたりすると当惑する
4　自分の考え、感じ方、行動についての評価より他人の評価の方に価値を置く
5　自分自身が愛されるに価する、価値のある人間だと思えない
6　劣等感を克服するために、承認や賞賛を求めている
7　自分の間違いを認めるのが、非常に困難である
8　他人の目に自分が正しいと見える必要があり、自分がよく見えるようにウソをつくことさえある
9　自分の必要なものや欲しているものを確かめたり、他人に頼んだりすることができない
10　自分は他人より優れていると思っている
11　他人が自分に安心感を与えてくれることを期待している
12　ある仕事を始め、締め切りを守って、その仕事を仕上げるのが非常に困難である
13　健康な優先順位や境界線を定めるのが、苦手である

服従のパターン

しばしば共依存症者は、

1　特定の人の言いなりになってしまい、自分を傷つける人間関係からも、なかなか離れることができない

2　拒絶にあったり他人の怒りにふれたりすることがないよう、自分の価値観や誠実さをもねじ曲げて妥協する

3　ほかの人が望むことを優先するため、自分自身の関心は脇に置く

4　他人の感情に気をつかいすぎて、自分もその感情に染まってしまう

5　他人とは異なる意見や信念を述べたり、感情を表したりするのが怖い

6　愛情が欲しくてセックスの誘いを受け入れる

7　結果を考慮せずに、決定を下す

8　他人から承認を得たり、変化を避けたりするために、自分の本心を曲げる

コントロールのパターン

しばしば共依存症者は、

1　人は、自分の面倒をみることが出来ないものと信じている

2　ほかの人は何を考えるべきで本当はどう感じているかを納得させようとする

3 頼まれもしないのに、どんどんアドバイスを与えたり、指図をしたりする
4 ほかの人から助けを必要とされなかったり、自分のアドバイスを拒絶されたりすると、恨みを持つ
5 影響を及ぼしたい相手に、プレゼントをしたり惜しみなく世話したりする
6 認められたくて、受け入れられたいがために、セックスしようと相手を誘う
7 ほかの人とのつながりを持つためには、自分が必要とされなければならない
8 自分の必要としているものが、他人によって満たされることを求める
9 気づかったり同情したりする能力が自分にあると他人を納得させるため、自分の魅力やカリスマ性を利用する
10 他人の気持ちにつけこむために、他人を責めたり侮辱したりする
11 協力したり、妥協したり、交渉したりすることを拒否する
12 結果を操作するために、自分の無関心さや無力さを見せたり、自分の権威や怒りを表したりする
13 他人の振る舞いをコントロールしようとして、自分たちにしか分からない回復に関する言葉を使う
14 自分のほしいものを手に入れるために、他人に賛成したふりをする

回避のパターン

しばしば共依存症者は、

1　他人が拒絶したり、侮辱したり、怒りを表したりする結果を招くように、行動する

2　他人の考えることや話すこと、なすことを厳しく判断する

3　他人と距離を置く方法として、感情的・身体的・性的な親密さを避ける

4　親密な関わりを持たないよう、自分が他人や場所、物に対するアディクションにはまってしまっても構わないと考える

5　争いやケンカを避けるため、間接的で、はぐらかすようなコミュニケーション方法を利用する

6　回復の道具を利用しないことによって、人と健全に関わる自分の能力を弱める

7　自分を弱い人間だと思わないように、自分の感情や欲求を押し殺す

8　他人を自分に引き寄せる。ただし他人が近づいてきたら、突き放す

9　自分を超えた大きな力に降参するのを避けるため自分の意志を手放すのを拒む

10　感情を手放すのは弱さのしるしだと信じている

葛藤解決のためのDEAR MAN

ガスライティングに対処する際に重要なのは、葛藤解決に自信をもつことです。というのも、ガスライターは相手をより簡単に操作するために、影響を受けやすいターゲットを求めているからです。DEAR MANは、心理学者のマーシャ・リネハンが開発した弁証法的行動療法（DBT）のスキルで、激しい感情や葛藤に直面しても、相手との健全なつながりを保ちながら、うまく異議を唱えるのに役立ちます。このスキルは、相手の反応がどうであれ、自分の言いたいことはそのままで、アサーティブ「相手を尊重しながら適切な自己表現を行うこと」に自分の望むことを伝える枠組みを用いるものです。

学ぶこと

- 葛藤に直面したときに自信がもてるようになる方法
- 弁証法的行動療法（DBT）による、対人関係に役立つDEAR MANのスキルを身につけ、アサーティブな言い方によって葛藤解決を目指す

必要なもの

- リラックスして注意力が高まった状態での15分間
- 題材に取り上げる現在もしくは過去の葛藤場面
- ペンと紙

DEAR MAN

Describe（客観的な描写）：事実に沿って、状況を述べます。「気づいたこと」「見たこと」「聞いたこと」など観察したことを挙げながら、その状況について具体的な内容を補足します。詳細にこだわりすぎて、話が脱線しないように気をつけましょう。

Express（意見と感情の表現）：自分の気持ちを「わたしは……」で始まるI《アイ》メッセージで表現します。「わたしは、あなたの態度がひどいと思う」のように、自分の感情を相手への非難として用いないように注意しましょう。そうではなく、「わたしはバカにされたように感じました」などと言います。

Assert（要望の主張）：自分が望むことを直接伝えたり、はっきり「ノー」と言ったりします。たとえば、「わたしはこうしたい」とか「……してもらえませんか？」など。

Reinforce（よい結果の強調）：相手が耳を傾け、変わろうとし、少なくともあなたが伝えたいことを理解すれば、よい結果につながるはずだと強調します。

Mindful（マインドフル）：その場で、自分がどう感じているかに意識を向け続けます。気が動転しているなと感じたら、まずは呼吸をして、周囲の状況を認識しましょう。相手が聞き手に回れば、そのまま会話を続けましょう。

Appear Confident（自信ある態度）：内心でどう感じているかにかかわらず、相手の目を見ながら、萎縮しない姿勢をとり、はっきりとした声のトーンで、自信ある態度を示すことが有効です（180頁の「パワーポーズ」参照）。

Negotiate（折り合いをつける交渉）：相手の意見に耳を傾け、可能であれば、自分の要求を調整して交渉しましょう（相手が情緒的コントロールやガスライティングをしてこない限り）。

ワーク

次頁の上の表にあるDEAR MANの例と説明を読んでから、（過去もしくは現在の）対人関係における葛藤場面を取り上げて、自分なりのDEAR MANのセリフを下の表に書き出しましょう。

葛藤場面の例	いつも予定をドタキャンする友人がいる
D 客観的な描写	3回連続で、遊びに行く予定をドタキャンされた
E 意見と感情の表現	イライラする
A 要望の主張	確実に遊びに行けるとわかってから、約束してほしい
R よい結果の強調	そうすればもっと会えるし、お互い楽しいはず
M マインドフル	ゆっくり呼吸をしながら話す
A 自信ある態度	あまり小さな声にならないように気をつける
N 折り合いをつける交渉	少なくとも2日前までならキャンセルしてもかまわないと伝え、変更があったらほかの予定が入れられるようにする

自分の葛藤場面	
D 客観的な描写	
E 意見と感情の表現	
A 要望の主張	
R よい結果の強調	
M マインドフル	
A 自信ある態度	
N 折り合いをつける交渉	

ポイント

- アサーティブであることは、攻撃的になることではありません。DEAR MANは、攻撃的になるのではなく、**はっきりと**伝えることで効果が高まります。
- DEAR MANのスキルを使って話したからといって、だれもがそれに同意したり、よい反応を示したり、意見を尊重してくれるとは限りません。その場合は、自分の境界線を保持しながら、「壊れたレコード」のスキル〔相手に反論されても同じ主張を繰り返す方法。単純な方法だが相手に論理の穴をつかせない点で有効〕を用いて自分の要求を繰り返し伝えましょう。DEAR MANのスキルで繰り返し伝えることで、自分の要求や境界線を再確認することができます。また、マインドフルな状態を保ち、自分の要求を明確にすることで、相手から感情を操作されにくくなります。こうすることで、ガスライティングの影響を受けにくくなるのです。もし、相手がガスライティングをしてきたら、その場面から離れてください。
- DEAR MANを初めて練習するときは「台本を読んでいるみたい」と感じるかもしれませんが、回数を重ねるうちに自然な言い方ができるようになります。
- DEAR MANの順番通りに言う必要はありません。たとえば、「Describe（客観的な描写）」の前に「Express（意見と感情の表現）」をしてもかまいません。できる限り、DEAR MANのすべての要素を含めることをお勧めします。

女性のための境界線設定

境界線を設定する際には、境界線を引くことで自分がどんなふうに感じるかを認識するとよいでしょう。自分に責任のないことまで罪の意識を抱くという「身に覚えのない罪悪感」は、境界線の設定と関連しているものです。ガスライティングの被害者にとっては、境界線を設定すること自体、自分が何か悪いことをしたように感じられるかもしれませんが、実際はその逆です。境界線を設定することは、健全な親密さを高めながら相手への不満を防ぐことができ、健全な関係性において有益です。

学ぶこと

- 余計なことは言わずに、ただ「ノー」と言う方法
- 情緒的コントロールをされたときに境界線を設定する重要性
- 効果的に境界線を設定するときに「使える」言い回し

必要なもの

- リラックスして注意力が高まった状態での15分間
- ペンと紙

ワーク

まず、境界線を設定するときに生じる身体感覚と思考を確認しましょう。

境界線を設定するとき、身体はどんなふうになりますか（例：緊張、ストレス、発汗）。

境界線の設定についての考えや意見を書いてみましょう。

以下は、境界線を設定する際によく使われるフレーズで、柔軟な境界線と強固な境界線を伝えるものです。

柔軟な境界線は、相手の意見を認め、会話を続けていくものです。柔軟とは、引き下がるという意味ではなく、やわらかく率直な口調で自己主張することです。

- 「あなたの意見は尊重しますが、わたしにも意見があります」

・「悪いけど、時間がないんです」
・「それはわたしには通用しません」
・「そこまでにしてください」
・「ご忠告には感謝しますが、別のことをしてみるつもりです」
・「わたしには……できませんが、……ならやれますよ」
・「わたしたちは見え方が違うようですね」
・「わたしの気持ちに同意してくれなくても、理解してくれなくてもかまいません」
・「お受けしたいところですが、やりすぎてしまったのでもう無理です」
・「わたしの境界線を尊重してください」

次に、強固な境界線についての一般的な言い方を紹介します。だれかがあなたの境界線を無視したとか、ふたりのあいだの境界線が軽んじられたときに使うフレーズです。強固な境界線を引くときは、はっきりと落ち着いた口調で伝えるのがもっとも効果的です。

・「時間がありません」
・「やりたくありません」
・「ノー（けっこうです／やめてください）」（この一言でOK、これ以上の説明は必要ありません！）

・「それはわたしには通用しません」
・「わたしはそうは思いません」
・「やりませんよ」
・「やめてください」
・「考えを変えるつもりはありません」
・「この話はここまでです」
・「できない相談です」

柔軟な境界線と強固な境界線のフレーズを読んだあと、過去もしくは現在のあなたが境界線を設定する必要があると感じる葛藤場面を選んでください。空欄に、その葛藤場面とあなたが考えた境界線設定のフレーズを書きましょう。

ポイント

境界線を設定することは、とくにこれまで境界線を引く経験をしてこなかった人には、心地よいものとは限りません。境界線を設定することに慣れるまで、最初のうちは安心できる人と一緒に練習してください。以前、わたしのクライエントで、スーパーで「（ビニール袋ではなく）紙袋でお願いします」と一言頼むことから始めた人がいました。彼女は知り合いだと相手の気分を害してしまうのではないかと不安がり、食料スーパーのレジ係を相手に練習することにしたのです。一見すると小さな境界線ですが、それによって段階的に、より困難な状況や関係性で境界線を設定する練習に進むことができました。どんな境界線も、それ自体がセルフラブとセルフエンパワメントを表しており、価値があるものなのです！

情緒的な個体化と同意能力

次に紹介するのは、**情緒的な個体化**、つまり他者から独立したアイデンティティを確立する能力です。この練習は、情緒的コントロールとガスライティングから回復する重要なスキルを身につけるためのものです。「ノー」を言わない人は、あたたかく、友好的で、気が利く人がほとんどです。しかし、あまりにも「ノー」を言わない態度は、**迎合**と呼ばれるトラウマ反応であるかもしれません。『複雑性PTSD―生き残ることから生き抜くことへ』（牧野有可里・池島良子訳、星和書店）の著者でセラピストのピート・ウォーカーは、迎合について、安全感を維持するために、他者を喜ばせ、他者との葛藤を避けようとする人による他者へのアピール行為と定義しています。迎合反応を続けていると、共依存の問題が起こる可能性があります。対立する意見をもつことは、ガスライターとの関係性に問題や緊張をもたらすことになるため、ガスライターは、被害者が言いなりになることを条件に愛や受容を与えようとします。それによって、被害者の情緒的な個体化が蝕まれていきます。さらに、ガスライターが被害者のアイデンティティを攻撃すると、それが被害者の内なる声として組み込まれます。このように情緒的な個体化は、被害者が自分のアイデンティティを取り戻す方法のひとつなのです。

学ぶこと

- 情緒的な個体化とは何か、なぜ重要であり、どのように取り組めばよいのか
- 「ノー」と言わない態度を続けると、いかにして共依存の問題が生じるのか
- どのように自立を達成し、アイデンティティを強化すればよいのか

必要なもの

- リラックスして集中力が高まった状態での10分間
- 紙とペン

ワーク

情緒的な個体化ができていないと、自分の意見をもつために他者の意見に頼ろうとしてしまいがちです。世界には80億人の人がいて、みんな異なる意見をもっています。ですから、すべての人を喜ばせることはできないし、全員に同意してもらうことなんて不可能です。自分の意見をもつことは、健全で、魅力的で、力強く、刺激的であり、その人自身の権利にほかなりません。

情緒的な個体化という概念を実践するために、ちょっとしたことでよいので、自分らしいと思えることを頭に浮かべてみてください。次の頁の表に記入しながら、好きなことと嫌いなことを考えることで、自分自身を「新たに知る」ことができます。

あなたのお気に入りは何ですか？

食べ物	
映画	
音楽	
余暇を過ごしたい場所	
色	
そのほかのお気に入り	

あなたの嫌いなものは何ですか？

イラッとするもの	
食べ物	
音楽	
余暇を過ごしたい場所	
色	
そのほかに嫌いなもの	

次に、自分の意見が言えなかったと感じたときのことを振り返ります。思いあたる場面がなければ、自分の意見をだれか（もしくは集団）に向かって言ってみたときのことを考えてください。

情緒的な個体化の練習を続ける

次に、情緒的な個体化を強化するためのアイデアをいくつか紹介します。

- だれかにあなたの好みについて尋ねられたら（どこで食事する？　どの映画を観ようか？　など）、その時点でどっちつかずであっても、少し考えてから答えてみましょう。まさに今、このスキルを練習するチャンスがきた、と捉えるのです。
- 安全な相手から「あなたの意見には同意できない」と言われたときは、深呼吸をしてから、「わたしの意見は貴重なのだから、相手に伝えても大丈夫」と自分に言い聞かせましょう。
- 自分の意見を表明することが安全だと思えるか、現在の関係性を評価してみま

わたしはみんなの「癒し役」ではない

自分がまわりにどう思われているか、気にせずにいるのはほぼ不可能です。人間である以上、みんなに受け入れられたいと思うものです。代わりに、その欲求をここにあるような別の思考パターンに置き換えてみましょう。気軽に、お試しください。

しょう。そのエネルギーをかけるだけの価値がある関係性かどうかを判断してください。

• 何度も繰り返すことが大切だと覚えておいてください。幼いころからどんなときも従順であるよう教えられてきた人もいますから、習慣を直すのはむずかしいことです。練習を重ねるほど、より自然になっていきます。

自称「頼まれごとを引き受ける何でも屋さん」のクライエントとのセラピーでは、上のような読み上げカードを作成しました。

ファクト・トラッキング

ガスライターは、あなたが同意しなかったり、自分の意見をもっていたりすると、あなたが「悪人」であるように感じさせたかもしれません。さらに、あなたのほうが「悪人」で「間違っている」のに対して、彼自身は「善人」で「正しい」という考えを強調して、あなたが自分への疑念を深めていくように仕向けたかもしれません。これはガスライティングでよくある操作方略で、被害者の現実感を蝕むことを意図したものです。ガスライティングに対抗するのに効果的な方法として、事実を追跡するというファクト・トラッキング「事実確認」があります。次のツールは、あなたが経験したことを思い出すためのものであり、今後、必要な境界線を設定する際の青写真にもなります。

学ぶこと

- あなたに対して使われたガスライティングの方略を再検証し、痕跡を記録しておくための具体的な方法
- 自分の記憶や経験を再確認する方法
- 法的に必要な場合に備えた情報の集め方

必要なもの

- リラックスして注意力が高まった状態での15分間
- ペンと紙

ワーク

ファクト・トラッキングは、ガスライティングに対抗するのに有効な手続きです。

ファクト・トラッキングとは、ガスライターがあなたを不快もしくは不安にさせたメールやメッセージ、ガスライターの言動について書いた日記などを保存しておくことです。ファクト・トラッキングの目的は、その情報をガスライターにつきつけることではありません。そんなことをしたら、ガスライターはそれを武器にしてくるかもしれないので、そうではなく、被害者が現実感を保つために役立てるのです。もちろん、場合によっては、訴訟で証拠となる情報を提出したり、援助者や組織の上層部（たとえば、ガスライティングが職場で起こった場合であれば人事部など）にガスライティングを報告する際に使われたりすることもあります。ファクト・トラッキングは、健全で正常な方法であり、被害者が経験したガスライティングをはっきりさせることで、自分の身に起きたことを振り返るために有効な方法であると覚えておきましょう。

次の表は、過去の振り返りのために重要な質問が書かれたファクト・トラッキングのガイドです。必要に応じて、第1章「ガスライティングのテクニックと方略」（21頁）を見直してください。

ガスライティングかもしれない行動	起きた日	何が起きたか？	やりとりの手段（メール、電話など）	できごとにまつわる感情	だれかに相談したか（相談相手）
否認					
聞こえないふり					
矮小化					
価値下げ					
無効化					
ステレオタイプ化					
論点のすり替え					

この表を完成させるために、ほかに記録しておきたいできごとを記入してください。

自分の経験を思い出すために、ファクト・トラッキングに取り上げる日を選びます。

もし、望むならば、一緒にワークに取り組む安全なサポート役を選びましょう。

最後に、起こったことは現実であり、あなたが感じていることも本当であること、そしてガスライターの意見は、何があったのかを知るうえでたいした情報源にならないことを覚えておきましょう。加害者の現実感覚は、彼らにとって都合のよいものでしかなく、ほとんどの場合、それは真実ではないからです。

まとめ

情緒的コントロールに関するよくある誤解のひとつは、身体的暴力よりも害が少ないというものです。しかし現実には、人の脳は情緒的な苦痛と身体的な苦痛を区別することができません。研究によると、心理的な苦痛は身体的な苦痛と同じような脳の部位を刺激します。つまり、ガスライティングによる情緒的コントロールは、身体的暴力と同じくらい害を及ぼす可能性があるということです。情緒的コントロールは、被害者が自分自身を守る力に影響を与えるので、本章では自己意識と個体化を強めることに重点を置きました。

あなたの意見が重要であることを忘れずに。あなたには「ノー」と言う権利があります。そして、境界線を設定するのは健全なことです。反対意見をもつことはあなたの権利です。世の中にはこんなにたくさんの人がいるのですから、すべての人を喜ばせることなんてできません。他者の好みや性格に合わせて、自分自身や自分の感じ方を変え続ける「情緒的カメレオン」状態でいると、ガスライターになりうる人にねらわれるリスクが高まります。

クライエントからアサーティブネスについて質問を受けることがよくあります。たとえば、「境界線を設定するのにベストなタイミングはいつですか?」「自分が望むことをはっきり伝えるのは、人間関係のなかで早すぎるということはないでしょうか?」「交際関係では、どの段階でノーと言えばいい?」など。これらに対する答えは「できるだけ早く」です。自分のニーズを早く表現すればするほど、加害者になりうる人を「遠ざける」ことができます。これは、**拒絶過敏性**［自分が他者に受け入れてもらえないことを過度におそれること］や見捨てられ不安に悩まされている人にとっては、こわいことかもしれませんが、ネガティブな関係性を断ち切ることができれば、より健全な関係を築くためのこころの余裕がぐっと増えます。自分自身を守ることは、大きなリスクのように感じられるかもしれませんが、実は、驚くほど健全なことなのです。わたしはセラピストとして、健全なリスクに立ち向かうことをクライエントに推奨しています。みなさんにもお勧めしますよ。

第7章 不健全なパターンと行きづまりを打開しよう

ガスライティングは、混乱と無力感を引き起こし、被害者が人生のさまざまな領域で感情や感覚を麻痺させるという不健全なパターンにつながります。ですが、被害者のモチベーションを高め、成功につながる目標設定に役立つ方略を使えば、不健全なパターンを断ち切れるという朗報があります。この章では、瞑想、セルフコンパッション、そして内なる批判を鎮めるための重点方略を紹介します。きっと、あなたが本当に大切にしていることができるようになるはずです。

フォーカス瞑想

ニューヨーク大学の研究で、課題に対するモチベーションを研究したところ、ゴールを見据えて取り組んだ参加者は、ゴールを見な

学ぶこと

- 周囲の雑音（ノイズ）をシャットアウトし、最終目標に集中し直す方法

必要なもの

- 中断されない5分間
- ひとりの空間
- ペンと紙

いように指示された参加者よりも、成績がよいという結果が示されました。ゴールを見据えることは、モチベーションを高めるだけでなく、パフォーマンスに対する認識（自信）も向上させたのです。次のツールは、価値観に基づいたゴール設定（自分にとって、もっとも重要な価値観に基づいた目標設定）をすることで、この研究から示された原則に瞑想の力を統合したものです。これは、目標への集中力を高め、目標達成への自信を向上させるのに役立ちます。

ワーク

次に挙げるのは、人生の満足度に関連する7つの共通価値です。あなたにとってもっとも重要だと感じるものは何か考え、1から7まで順位をつけてください（1がもっとも重要、7がまったく重要ではない）。

［　］恋愛関係　［　］経済的安定　［　］知識　［　］創造性

［　］精神性（スピリチュアリティ）　［　］健康　［　］家族

自分の価値観の上位3つを検討し、改善に向けて取り組みたいものをひとつ選んでください。

その価値観にまつわる長期的な目標を設定しましょう。たとえば、〈創造性〉を重要な価値観と評価しながらも、それに行きづまりを覚えている場合は、「アートのクラスに参加する」を目標にするのもよいでしょう。具体的で（Specific）、測定可能で（Measurable）、達成可能な（Attainable）、関連性のある（Relevant）、期限つきの（Time bound）の頭文字で表されたSMARTゴールを立てるとよいでしょう（たとえば、「今月中に1時間のアートのクラスに1回参加する」）。

あなたの目標を書いてみましょう。

この目標について瞑想をします。

- タイマーを5分でセットします（もっと長くしてもかまいません）。
- 座るか横になるか、リラックスできる体勢になります。座っている場合は、両脚が地面にしっかり着いていることを確認します。背筋を伸ばし、姿勢を調整してください。
- 目を閉じて（あるいは、前をうっすら見ながらでもよいです）、顔の筋肉をリラックスさせて、4秒数えてゆっくりと深く息を吸い込み、4秒キープして4秒かけて吐き出しながら、全身の緊張を解き放ちます。この呼吸法（ボックス・ブレスとも呼ばれます）を少なくとも5サイクル続けます。
- 呼吸を自然なリズムに戻します。
- では、設定した目標を達成したときのイメージをできるだけくわしく、五感を働かせながら想像してください（たとえば、アートの教室に歩いて入り、絵の具の匂いを嗅ぎながら、窓からの日差しの暖かさを感じている様子をイメージする）。
- 「自信がない、時間やお金はどうしよう、責任をもってできるだろうか……」といった気が散るような考えが浮かんでも、穏やかな好奇心をもちながら、そのままでいて大丈夫です。
- 気が散るような考えを取り除こうとせずに、目標が達成されたイメージをできるだけ細部まで思い浮かべて、再度、集中していきます。

- 必要なだけ、目標に焦点を合わせていく作業を繰り返します。
- ボックス・ブレスを1サイクルして終えたら、そっと目を開けます。

瞑想の体験やワーク中に感じたこと、発見したことを書き出してみましょう。

思いやりのあるセルフトークで変化を起こそう

ガスライティングを経験したあと、前向きに変化するにはセルフコンパッションを実践することが重要です。心理学者であり、教授、作家としてこの領域の第一人者であるクリスティン・ネフ博士は、セルフコンパッションを「自分の苦痛を無視したり、自己批判で自分を追いつめたりするのではなく、苦しんだり、失敗したり、不十分だと感じたりしたときに、自分自身に対してあたたかく理解を向けること」と定義しています。彼女は「友人に話しかけるように、自分自身に話しかける」ことを提案しています。この考えは、科学的にも支持されています。研究から、人は批判されていると感じると、新しいスキルを学べなくなってしまうことがわかっています。次のワークは、ネガティブなセルフトークがいかにあなたの足かせになっているかを明らかにすると同時に、より優しく思いやりのある内なる声を促すものです。

学ぶこと

- 思いやりのあるセルフトークが、行きづまりから抜け出すのにどのように役立つか
- セルフコンパッションを通したポジティブな強化が、どのようにガスライティングがもたらすネガティブな影響を変えるか

必要なもの

- リラックスして注意力が高まった状態での15分間
- ペンと紙

ワーク

自分に苛立ちや失望を感じたときのことを思い浮かべてください。そんなとき、自分を「やる気」にさせるため、あるいは自分の行動をよりよく変えるために、どのような言葉をかけましたか？

1行目に例が書かれていますので、空欄にあなたが使ったことのあるセルフトークを記入してください。

今、頭に浮かんでいる言葉

わたしは、物事を成し遂げることができない。

自分が書いた「今、頭に浮かんでいる言葉」を読んで、自分自身と自分の目標を達成する能力についてどう感じますか？

次に、自分自身に対して語りかける言葉を変えてみましょう。「今、頭に浮かんでいる言葉」に書いたフレーズを、友人やあなたが大切に思っている人に伝えるときの言い方に置き換えてみてください。あなたが書いたフレーズのなかには、すでに思いやりのあるトーンを帯びているものがあるかもしれません。すばらしいことです！その場合は、次の欄に、さらに親切な言い方を追記してください。1行目には、また例が書かれています。

思いやりのあるセルフトークに置き換える

すごく忙しくて、まわらない状態だったから、全部終わらせられないのも当然だ。

思いやりのあるセルフトークのフレーズを読むと、自分自身と自分が目標を達成する能力についてどう感じますか？

ポイント

- ガスライターからのネガティブなセリフにこころを痛めているうちにも、ガスライティングは、被害者の内なる批判的な声を増大させていきます。批判的なセルフトークが習慣化すると、被害者は不健全なパターンを断ち切ったり、多くの喜びをもたらす目標を達成したりすることは不可能だと感じるようになります。
- 変化は、批判されるよりも、励まされることで生じます。自分で思いやりのあるセルフトークを使えば使うほど、変化が起こりやすくなります。
- **何を**言うかを変えるだけでなく、**どのように**言うかを変えることも大切です。声のトーンや非言語的なコミュニケーションは、言葉ほどではないにせよ、同じくらい重要です。あるクライエントは、仕事中、ADHDの症状によって落ちつかない自分自身をストップさせるために、こころのなかで自分に「深呼吸して！」と怒鳴りつけていました。このワークを終えたあと、彼女は同じことをもっと優しい口調で（「深呼吸しよう」と）言ってみることにしました。かつてのネガティブなフレーズは、今や自分を落ちつかせるためのグラウンディングのツールに変わったのです。

選択の単純化

ガスライティングからの回復に伴うストレスは、被害者を消耗させます。しかも、それに成人が毎日行っているという3万5000もの意思決定が加われば、意思決定疲労が生じるのもやむを得ないことでしょう。心理学者ロイ・バウマイスターの造語で、**自我消耗**とも呼ばれる意思決定疲労は、日々の決定によって「へとへと」になり、衝動的になるか、あるいは何もできなくなってしまう（たとえば、日中は健康的な食事をしたのに、夜はジャンクフードばかり食べるなど）ときに起こります。意思決定に必要なスタミナは、休息（睡眠や瞑想）か食事のいずれかの方法で回復します。意思決定をするたびに脳内でエネルギーを作り出すブドウ糖が使われるので、食事や休息をとることで選択に必要なエネルギーが回復するのです。

学ぶこと

- 意思決定疲労とは何か、なぜそれが行きづまりにつながるのか？
- ストレスに対処し、意思決定疲労が起こるのを防ぐ選択の単純化力

必要なもの

- リラックスして注意力が高まった状態での15分間
- ペンと紙

ワーク

この練習は、日常的な意思決定の数を減らすのに役立つもので、忙しいときやストレスが高いときには、とくに重要です。あらゆる意思決定の選択肢の数を限るという選択の単純化によって不必要な意思決定を減らせるので、回復の旅において健全な選択をするためのスタミナを残しておくことができます。

一般的に知られている選択の単純化は、クローゼットに着回しができる数点の洋服だけをしまっておき、その組み合わせだけでコーディネートするといったものです。こうすれば、クローゼットも頭のなかもごちゃごちゃしにくくなります。もうひとつのよくある方法は、食事です。コーネル大学の研究によると、人は食事だけで毎日平均227回もの選択をしているそうです。忙しいときや疲れ切っているときに食事のメニューを限定するのは、意思決定疲労を軽減します。

次頁の表に示したのは、「選択の単純化」をしやすいものです。単純化してみたいと思うカテゴリーにチェックを入れ、カテゴリーごとに3つまで（必要なら、それ以上）選択肢を挙げてください。空欄が3つあるので、自分のアイデアを追加してもかまいません。このワークをもっとやってみたい場合は、別紙を用意してください。

カテゴリー	する／しない	選択肢
献立		
服装（定番の仕事着など）		
リラックス方法		
頼れる相手		
日々のストレスに対するセルフケア		
平日にできる運動		
週末にできる運動		
聴く音楽		
一緒に過ごす友人		
疲れているとき／消耗しているとき／ストレスが溜まっているときの健康的なおやつ		

ポイント

- 選択の単純化には、平日に合うものと週末に合うものがあります。それぞれに別の好きな選択肢を用意するのもよいでしょう（たとえば、職場でのランチにはスムージーやサラダを選ぶが、週末はもっと自由にバラエティに富んだものにするなど）。
- このワークは、セルフケアと意思決定を単純化するのに役立つだけでなく、ガスライティングの影響から回復する過程で、自分自身を知るためのよい練習にもなります。
- 健康的な習慣を身につけようとするとき、選択の単純化を活用しながら事前に計画を立てることは、意志力を高めるのにも役立ちます。選択肢を限ることで、消耗しているときでも衝動的な選択をしにくくなります。

習慣化プラン――専門家によるヒントとコツ

最良のコンディションでいられるように、健康的な習慣を維持するのは大変なことです。とりわけガスライティングを受けたあとは、それまでガスライターを幸せにすることばかりに多くのエネルギーを使っていたため、自分の目標に集中しにくくなっているものです。今度は、あなた自身に集中する番です。このワークでは、行動心理学の知見を参考にして、長年、専門分野で検証されてきた習慣化方略を学ぶことで、自分の目標をうまく定められるようにします。

学ぶこと

- 新しい習慣化のために、環境に働きかける方法
- 脳を変え、新しい習慣を維持しやすくするための反復練習の優先順位のつけ方

必要なもの

- リラックスして注意力が高まった状態での20分間
- 自分の目標
- ペンと紙

ワーク

まず、ガスライティングからの回復の旅で、あなたが前進するための目標を決めます（例：瞑想を定期的な習慣にしたい）。

わたしの目標

次に、目標を達成するのに効果的な方略をいくつか紹介します。それぞれの内容に目を通し、これらの方略を自分だったらどう使えそうか、じっくり考えてみましょう。

専門家による習慣化方略

・小目標と最終目標。ベストセラーとなった『ジェームズ・クリアー式 複利で伸びる1つの習慣』（牛原眞弓訳、パンローリング）の著者ジェームズ・クリアーは、効果的な習慣化についてその道の専門家が語っていることを調べ、最終目標を達成するには小さな目標づくりが欠かせないステップであると見出しました。たとえば、5㎞走ることが目標なら、週5日、15分間ずつ走ることが小さな目標になります。これによって習慣が生まれ、達成できたというポジティブなフィードバックが得られます。それがより大きな目標達成の土台となるのです。

・毎日1％多く努力すれば、年間では大きな見返りがある。研究によれば、目標に到達するために定期的にちょっとずつ努力するだけなら、ごくわずかな努力で事足ります。数学的にいえば、毎日1％の向上を目指して努力すると、その年の終わりには、当初と比べて37％以上向上していることになります。

・4％の難易度が鍵！ 難易度が**低すぎる**とやる気を失い、難易度が**高すぎる**とあきらめてしまいます。成功の秘訣となるマジックナンバーは、現在の自分の能力より4％むずかしいことに挑戦するというものです。これは、大きな報酬を得るために時間をかけて小さな目標を達成するという考え方の裏づけにもなります。

・モニタリングは、すべてのタイプに不可欠。グレッチェン・ルービンによる「4つの傾向」という概念では、人はモチベーションと変化の方法によってカテゴリーに分類されます。彼女のウェブサイト（gretchenrubin.com/quiz/the-four-tendencies-quiz）でチェックをすると、自分が**オブライイジャー**（義務を果たす人）、**アップホルダー**（約束を守る人）、**クエスチョナー**（疑問をもつ人）、**レブル**（抵抗する人）のどのタイプかわかります。そこから、自分の傾向に合わせて、どのように目標を設定し、どんなふうに変化を起こせばよいか探っていくのです。自分の傾向から外れた目標を設定しようとすると、変化は非常にむずかしくなります。たとえば、〈オブライイジャー〉がランニングをルーティンとしたい場合、ランニング仲間と会うことを「義務」とし、だれかに「毎日のランニングでお会いしましょう」と説明すれば、目標達成する可能性は高くなります。でも、〈レブル〉であれば、いつ、どのように走るか指示されるのには抵抗があるでしょうから、自分のペースで気が向いたときに走るほうが成功しやすいはずです。

・**説明をする仲間**。〈オブライジャー〉でなくても、たいていの人は何らかの目標を共有したいと思うものです。たとえば、進捗状況を報告する相手、一緒に目標に挑戦してくれる人、あるいは単に「ボディ・ダブル」をしてくれる人を選ぶことなどです。「ボディ・ダブル」というのはADHDの対処法のひとつで、困難な課題に挑戦しているあいだ、だれかが実際に同席してくれて集中力を高める手助けをすることです。

・**習慣を指差して声に出す**。変化を起こすには意識することが非常に重要なので、実際に、習慣を指差したり声に出したりする方法をとることはとても役に立ちます。この単純なコツが、わたしたちの意識を高めてくれます。意思決定疲労の面からいえば、ストレスや疲れがたまっているときは、人は無自覚に成長を妨げる選択をしてしまっているかもしれません。これについての優れたリソースのひとつが、ジェームス・クリアーが自分のウェブサイト（jamesclear.com/habits-scorecard）で紹介している「習慣のスコアカード」「一日の習慣をすべて書き出し、よいものかどうか分類する」です。

・目新しさは有用で、とくに初回は魅力的。デザートは最初の一口が一番おいしく感じるとか、新しい目標は月曜日からスタートさせがちであることにお気づきでしょうか？　これには理由があり、脳の報酬中枢と関係があります。目新しいものがあると、ドーパミンやセロトニンのような快感ホルモンが多く分泌されます。これを参考にするなら、新学期など何かの始まりに目標を設定したり、目標達成に役立つ新しいアイテムを購入したりすることは、実に効果的です。日記を書くのが目標なら、新しい日記帳を買って書き始めるのもよいでしょう。

・断つ派か、控える派か。グレッチェン・ルービン著『人生を変える習慣のつくり方』（花塚恵訳、文響社）では、4つの傾向だけでなく、習慣形成に影響を与える性格特性が紹介されています。断つ派と控える派を比較した場合、本当に何かを完全に断つ必要がある人もいれば（たとえば、「荒療治」で一発で禁煙する）、習慣を断ち切るときに少しずつ減らしていく「ハームリダクション」を実践することで、断続的に報酬を得るのが向いている人もいます。習慣を徐々に減らすことが有益かもしれない人の例としては、完全に断つことの厳しさに抵抗し、変化を受け入れていくことが必要な〈レブル〉が挙げられます。自分がどちらのタイプなのかを見極めることで、行きづまりから抜け出し、目標に向かって前進することができるでしょう。

・目標をネガティブではなく、ポジティブに捉え直す。広く賞賛されている書籍

『ザ・シークレット』（ロンダ・バーン著、山川紘矢他訳、角川書店）に基づいて、「引き寄せの法則」を目標設定に使うことができます。ほしくないものに言及するのではなく、ほしいものを口にするのです。望んでいないこと（たとえば、多額の借金を背負うなど）を述べるとき、人はネガティブなことに焦点が狭められてしまい、創造性を発揮できなくなります。そうではなく、思考をポジティブなもの（たとえば、高収入の仕事を見つけるなど）に捉え直すと、全体的な焦点が変わり、内なる対話がポジティブなトーンになります。わたしがクライエントによく話すのは、自転車の例です。「自転車をまっすぐ走らせなさい、でも右側の木から目を離さないこと」と言われたら、曲芸師でもない限り、どんなにがんばっても自転車はあなたが注目しているほうに向かって進んでしまうでしょう。自分がほしくないものではなく、ほしいものにねらいを定め続けなければならないのです。

「習慣化プラン」を使って、以前、設定した目標に、これらの方略がどのように適用できるか書いてみましょう。ここでの質問は、今後の変化、成長、回復に役立つものです。また、将来の目標を設定する際の振り返りにも使えます。

小さな目標を設定しましょう。

毎日の「プラス1%」のほんのちょっとの努力には、どんなものがあるでしょう?
どうしたら、自分が前進していることがわかりますか?

この目標を簡単すぎるものにしているのは何か、どうすれば少なくとも4％以上の難易度にできるでしょう？

「4つの傾向」のチェックをやるか、自分のことを振り返ってみて、自分にはどんな傾向があり、それをどのように自分の目標に生かせると思いますか？

目標達成の仲間になってくれる人は？（例：援助してくれる専門家、コーチ、自分が申し込んだランニングコースの運営スタッフ、自分の目標をよく知っている客観性のある友人など）

自分の習慣をどのように記録、もしくはチェックしますか？

目標達成のために、どのように目新しさを活用できるでしょう?

断つ派か、控える派か、どちらでいきますか?

目標をポジティブな表現で言い表してみましょう。わたしが本当に望んでいることは何だろう?

「習慣化プラン」を使って、159頁からの自分の目標について検討してみましょう。習慣化について学んだことで、目標をどんなふうに見直せるでしょうか? SMARTを用いた目標の記入用紙を使って、方略を活用した目標に書き直してみましょう。

まとめ

ガスライターは、まさに女性をエンパワメントするものを攻撃し、女性を支配しようとします。その結果、ガスライティングを受けた女性は、自分自身を優先させることがむずかしくなり、そのことが自信や自尊心にネガティブな影響を及ぼします。これは第3章のサラとジルの関係にもみられました。ジルは、サラが情熱を注ぐロッククライミングに参加しないよう圧力をかけ、サラからエンパワメントと個体化を奪いました。ガスライティングからの回復においては、健全な目標を設定し、行きづまりから脱することで、自分にとって大切なものに集中していきます。達成感を味わうことで、自尊心と自信が強められ、ポジティブな循環が生まれます。それによって、自分には何でもできる力があるというストーリーが作られます。こうした自信と自分の内なる声との結びつきによって、ガスライティングに気づきやすくなり、たとえガスライティングに直面しても自分のために立ち上がることができるようになるのです。

モチベーションを保つ

この章では、瞑想の力、ポジティブなセルフトーク、意思決定疲労への対処法、さらに目標設定のためのヒントやコツを探りました。目標達成は人それぞれであるため、自分にもっとも響いたスキルを選び、それがうまくいくかどうかを探ってみてください。新しい習慣の計画段階も、エンパワメントになりえます。なぜなら、自分の目標とそれを達成するための計画に集中することで、回復と変化への希望が生まれるからです。

本書を読み進めていくうちに、あなたが生き生きと、喜びを見出し、自信を高められるようになるためのセルフケア方略を学ぶことができます。ガスライティングからの回復に向けて、新しい健康的な習慣を身につけようとするなかで行きづまりを感じたら、この章に戻ってきてください。第Ⅲ部での目標を定めるために、達成したいことのビジョン・リストを作ってみましょう。

作家であり、動機づけの演説家でもあるメル・ロビンスは、最終目標だけでなく、それに至るまでの一筋縄ではいかないステップも思い描くように強調しています。「一日5分、瞑想する」といったシンプルな目標が、大きな夢への力強い一歩になるかもしれません。

将来のビジョン・リスト

第Ⅲ部に進むまえに、前進している自分の姿を思い浮かべ、目標達成のイメージをはっきりさせましょう。

1

2

3

4

5

第Ⅲ部
目標に向かって前進する

自分のことをやるだけ、
まわりがそれを好むかどうかは気にしないで。
──ティナ・フェイ『BOSSYPANTS(がんばり屋さん)』

第Ⅲ部では、ガスライティングによるコントロールを受けたあとの目標達成に焦点をあてます。ここで紹介するツールは、女性のウェルビーイングに焦点をあてた研究に裏づけられた統合的治療で使われているものです。成長のマインドセットを促進しながら、自尊心と自信を高めることで、前進する力を育むスキルを身につけていきます。セルフラブを実践し、本当の自分を受け入れる方法を学んでいきましょう。最終章では、他者を再び信頼し、将来、健全な関係性を築くために、今すぐできる方法を紹介しています。自分の成長を手助けするレジリエンスの実践に焦点をあてますが、回復は簡単なものでも、まっすぐに進むものでもないので、自分の進歩に対して根気よくつきあいましょう。スキルを身につけるためにコツコツと練習を重ねることは回復を促進しますが、逆戻りしてしまうこともあるはずです。これもすべて、あたりまえのことです。回復の旅路では、自分に優しくすることをお忘れなく。

第8章 自尊心と自信を高める

ガスライティングは、被害者の自分自身であるという意識を奪うものです。そのため、自尊心を高めることとは、加害者のコントロールから立ち直り、前進していくうえで非常に重要です。この章では、自分のニーズを表現し、自信を高め、自分の真の実力を知る方法を学びます。自分自身と充実した時間を過ごすこと、自分の身体を大切にすること、呼吸の力を活用すること、感謝の気持ちとつながること、そして自分の人生の意味を見出すことに焦点をあてたスキルを学んでいきましょう。この章で高められた自尊心と自信は、続く章でセルフラブを実践し、本当の自分を発見し、他者を信頼する安心感を見つけるための基盤になります。

自分自身とデートする

ガスライティングから回復しようとする女性の多くは、「自分が何者であるかを知ること」や「自分を好きになること」に悩まされます。ガスライターによる被害者の扱い方は、その人自身の本当の姿にふさわしいものではありません。ひどい扱いをされたことで、被害者の自己イメージが歪められてしまうのです。「自分自身とデートする」のは、あなたの時間、お金、エネルギー、気遣いを自分自身の内側にささげることによって、自尊心を回復させ、この問題を解決するためのすばらしい方法です。自分を愛することにもっとエネルギーを注げば、自己価値も高まります。ガスライティングの影響によって、本来の自己価値を感じられないとき、「自己価値をでっちあげている」ように感じることもありますが、一貫して自分を愛することは、自分に対する疑念やネガティブなセルフトークを自己覚知〔自分の感情や考え、価値感や生き方の傾向を知ること〕やセルフラブに変えるのに役立ちます。社会心理学者であり研究者のエイミー・カディは、「そうなるまで、そう偽りなさい」と述べています。次のワークは、「自分自身とのデート」にじっくり取り組めるように、考えやプランを練るためのものです。

学ぶこと

- 「自分自身とデートする」ための創造性豊かな方法と、それがどのように回復を促進するか
- セルフケアとセルフコンパッションを使って、いま一度、自分自身を知る方法

必要なもの

- プランを立てるための10分間
- ペンと紙

ワーク

次頁の表では、「自分自身とのデート」で焦点をあてる8つの領域が挙げられています。この表は、ゲーリー・チャップマン著の『愛を伝える5つの方法』（ディフォーレスト千恵訳、いのちのことば社）で示されている、愛をどのように与え、受けとるかの内容が反映されています。各欄に挙げられている活動からやってみたいものを選択し、空欄には自分のアイデアを記入します。自分自身とデートする際、こうした自己献身［自分の強みをうまく活かすこと］を実践することができるでしょう！

「自分とのデート」を習慣にする

・**自分のための時間をとる**：ほかの人間関係と同じように、自分自身との関係にも関心を向けることが大切です。女性は、人間関係、責任、他者への献身などで、手を広げすぎてしまう傾向があります。少なくとも一日一回は「自分とのデート」を実践してみることで、バランスのとれた感覚をもつには自分にどれくらいのひとりきりの時間が必要かを考えてみましょう。感受性の強い人（HSP）の多くは、一日に最低2時間は自分のための時間が必要だといいます。ここまではできないかもしれませんが、健康の目安にしましょう。

振り返り	身体面のケア
・日記をつける ・ブログに綴る ・占星術や星占い ・アートセラピー（例：自画像を描くなど）	・エクササイズ ・代替療法（例：鍼治療） ・十分な睡眠をとる ・よいサプリメントについて調べ、摂取する

プレゼント	新たなチャレンジ
・自分のために何か贅沢をする ・新しい本を買う ・自分に花を買う ・必要なときに使える温泉券（スパのギフトカード）を購入しておく	・やってみたかった趣味のリストを作り、どれかひとつやってみる ・新たな言語を学ぶ ・行ったことのない町を旅する ・お気に入りの新曲を見つける

境界線の設定	アファメーション
・断る力をつける ・不要なつきあいはしない ・不健全な人間関係から距離をとる ・「理解してほしい」と言うのをやめる。境界線を正当化する必要はない	・毎日、感謝の気持ちを綴る ・思いやりのあるセルフトークを練習する ・自分をほめる ・支えてくれる人たちと成果を分かち合う

充実した時間	フィジカルタッチ
・ひとりの時間をもつ ・気に入らない録画は消す ・瞑想 ・夕食時にキャンドルを灯して雰囲気を出す ・天気のよい日に、本や音楽を聴きながら、あるいはただ周囲の静寂を楽しみながら、ゆっくりと散歩をする	・EFT タッピング（216頁参照） ・ドライブラッシング［老廃物の排出と血行やリンパの流れの促進のため、ブラシを使った皮膚のマッサージ］（アーユルヴェーダ） ・電動マッサージ器を使う ・マッサージやフェイシャルなど、ケアのプロによる身体へのセルフケア

・**うまく進まないときに備えてプランを立てる：** 時間がないときでも、自分自身とデートし、セルフラブを実践することはできます。忙しくて慌ただしい一日を想像してみてください。別のことまではできなくても、自分に優しく語りかけ、1分間、意識的に呼吸することはできます。一瞬一瞬を大切にしましょう。

・**好奇心をもつ：** 自分自身とデートすることは、つねに学び続けることにほかなりません。自分自身に好奇心をもてばもつほど、自分に対する学びが深まり、自尊心も高まります。自分について気づいたことを日記に書くことは、内省を深めるための効果的なツールになります。

前向きに進み、健康になるための呼吸法

過去で呼吸することも、未来で呼吸することもできない。できるのは、今、呼吸することだけ。――作者不明

呼吸は、ストレスを軽減し、気分を改善し、現在の平穏な感覚を促すためのもっとも効果的な方法のひとつです。ガスライティングや情緒的コントロールから立ち直るには、呼

吸を改善するスキルを身につけることが非常に重要です。ストレス、年齢、人生経験によって、健康的な呼吸の治癒的要因が失われてしまうことがありますが、よい呼吸状態を保ち続けることで、呼吸の質を向上させ、ストレスを調整する能力は高まります。呼吸法は**ストレスを受けたとき**だけでなく、**ストレスを受けるまえ**にも重要です。

呼吸のスキルを（できれば毎日）練習すればするほど、自分がストレスを感じていることに早く気づけるようになります。次に紹介するのは、ガスライティングによるコントロールからの回復プロセスを支える、科学的根拠のある2種類の呼吸法です。

学ぶこと

- 呼吸のワークと、今ここにいる自分自身とつながる方法
- ガスライティングからの回復の旅を助ける、科学的根拠のある 2 種類の呼吸法

必要なもの

- それぞれの呼吸のワークに 5 分間ずつ
- 静かな空間
- ペンと紙

ワーク

ボックス呼吸法

1つ目の呼吸法は、非常に身近で簡単に実践できるものです。メイヨー・クリニックが研究結果をまとめたレビューによると、ボックス呼吸法は、血圧の低下、痛みの軽減、脳の成長への刺激、不安やパニックの軽減、睡眠改善、ストレスレベル全体の

知覚低下につながることが示されています。アメリカの神経科学者でスタンフォード大学教授のアンドリュー・ヒューバーマンは、彼自身のポッドキャスト『The Huberman Lab（ヒューバーマン・ラボ）』で、ボックス呼吸法は、過呼吸（早すぎたり、浅すぎたりする呼吸）にならず、リラックスしているときに呼吸と呼吸のあいだに十分な間をとるなど、より健康的な呼吸パターンを身につけるための学び直しになると語っています。それによって、二酸化炭素への耐性が向上し、身体がストレスに適応しやすくなります。

ボックス呼吸法のやり方

1 肺を膨らませやすい楽な姿勢を見つける（背筋を伸ばして座るか、仰向けになる）。
2 ゆっくりと息を吐いて、肺のなかを空にする。
3 頭のなかでゆっくり4つ数えながら、鼻からゆっくり息を吸い込む。
4 口を閉じて息をとめて（そのままで）、4つ数える。
5 ゆっくり4つ数えながら、息を吐く（一気に吐き出してしまう人がいるかもしれませんが、吐く息を調整できるようになることは、平穏な感覚を促す効果的な方法です）。
6 4つ数えるあいだ息をとめて、息を吸ったり吐いたりしていない静寂を感じる。
7 これをもう4セット繰り返しましょう。

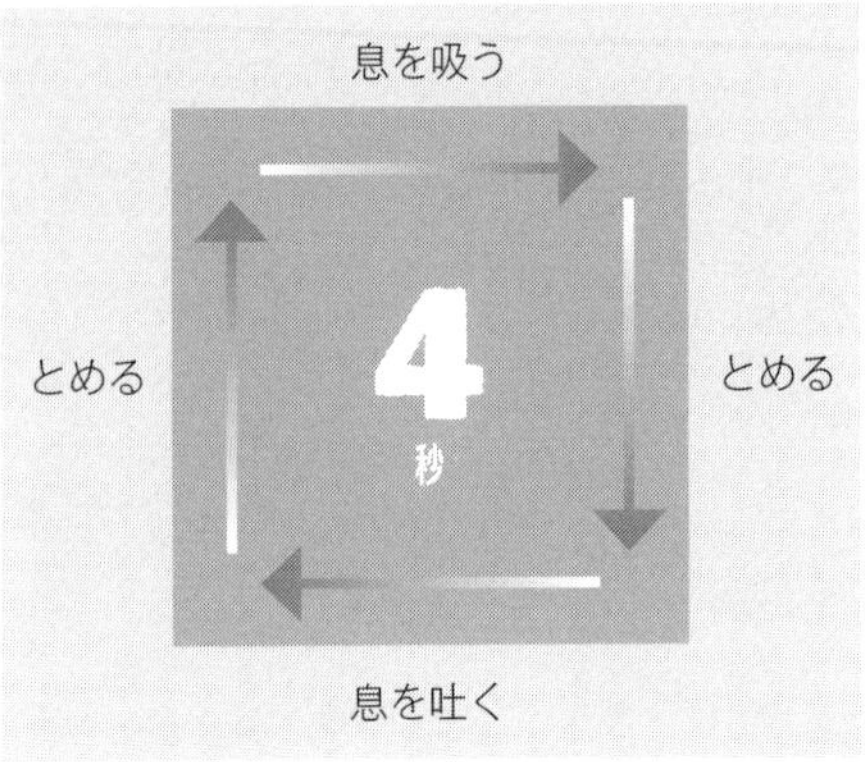

バリエーションと留意点

- ボックス呼吸法をフルセット（5サイクル）やる時間がないときやできない状態のときは、しっかり1サイクルやるだけでも効果的なグラウンディングのツールとなります。
- 体内の「安全」を知らせる迷走神経を刺激するために、息を吐くときに「ブーン」と蜂の羽音のようなハミングをする方法があります。これは、こころをクリアにするのに効果的なツールで、「蜂の呼吸」と呼ばれる呼吸法［ブラーマリー呼吸法］に似ています。回復への旅で、ぜひ活用いただきたい方法です。
- 以前に呼吸法を練習したことがある人や、肺を楽に空っぽにするのにかかる時間で測定される二酸化炭素耐性が高いことがわかっている人は、4カウントより長くしてもかまいません。
- 目を閉じて身体に注意を向け、緊張が解けるのを感じたり、わきあがる感覚に注目したりすることで、この練習がもたらす効果をさらに高めることができます。

- 不安やパニックに対して息を吐くことがいかに効果的か（ゆっくり吐くと心拍数が下がること）をいつも忘れずにいてください。人はストレスに直面すると、素早く息を吸い込むものです（そうすると心拍数も上がります）。パニック発作を起こすと、素早く浅く息を吸い込んでしまいます。ボックス呼吸法で吸う息と吐く息のバランスをとることで、苦痛なパニック発作が起こる頻度を減らすことができます。

片鼻呼吸法

次のテクニックは、ナーディショーダナ・プラーナヤーマとして知られるヨガの呼吸法です（プラーナヤーマは、サンスクリット語で「呼吸」を意味します）。「微細なエネルギーの浄化」を意味する言葉で、これによって体内のポジティブな感覚を増大させることができます。研究によると、このテクニックは、不安を軽減し、ウェルビーイングを高め、肉体と精神をリラックスさせる効果があることが示されています。ヒラリー・クリントンは、自著『何が起きたのか？』（髙山祥子訳、光文社）のなかで、大統領選での敗北に対処するためにこの呼吸法を使ったと述べています。このヨガの呼吸法の利点に関する近年の研究から、自律神経系のバランスをとり、ストレスを軽減し、全体的なメンタルヘルスを向上させることによって、サバイバーのウェルビーイングを

向上させるのに有益であることもわかっています。

片鼻呼吸法のやり方

1 右手の親指で右の鼻孔をふさぎ、静かに息を吸い、肺のなかを空気で満たします（5つ数えて息を吸い、7つ数えて息を吐くのでもかまいません。息を吐くほうを長くしてください。もし、吐く息と吐く息の長さが同じほうが楽ならば、吐くたびに肺を空っぽにしましょう）。

2 次に、人差し指で左の鼻孔をふさぎ、右の鼻孔から息を完全に吐き出します。

3 そして、右の鼻孔から息を吸い込みます。

4 右の鼻孔をふさぎ、左から息を吐きます。

5 吸う息と吐く息を交互に行い（これが一呼吸のサイクルです）、最長で5分間続けます。

6 もし、左手を使いたい場合は、これらの教示をすべて逆にして行ってください。

片鼻呼吸法のバリエーションと留意点

- 鼻をふさぐのが苦しい場合（たとえば、アレルギーや風邪で苦しいときなど）、鼻の穴をふさがずに、鼻の片方の穴からもう片方の穴へと呼吸を集中させるナーディショーダナを練習することもできます。「イメージ」を用いた集中の仕方ですが、それでも脳にポジティブな刺激を与えることができます。
- 頭がくらくらしたり、めまいがしたり、吐き気を感じたら、呼吸法の練習をやめて、自然な呼吸パターンに戻してください。新たな呼吸法を身につける際には、あたりまえのことではありますが、じっくりと回数を重ね、自分に優しく、無理をしないようにしましょう。練習を積むほど、こうした不調は起きにくくなります。
- この呼吸法を5分間やらなくても、たった1サイクルでも効果はあります。あるクライエントは、ストレスに直面したときのグラウンディング・スキルとして、あるいは熱いシャワーを浴び終わるときや夜眠るときの方法として、1サイクルやっていると報告していました。

パワーポーズ

パワーポーズは、エイミー・カディのＴＥＤトーク『ボディーランゲージが人を作る』［https://www.ted.com/talks/amy_cuddy_your_body_language_may_shape_who_you_are?language=ja］で広く知られるようになりました。このスキルは、自信のないときでも「パワーポーズ」と呼ばれる自信に満ちた姿勢をとるというものです。これによって、困難な課題に挑戦しようとするときにも、力強く感じられることがわかっています。カディと同僚たちによる初期の研究結果では、パワーポーズを2分間とることで、研究参加者が模擬面接でよりよい成果をあげるのに役立っただけでなく、テストステロンが増加し、ストレスホルモンであるコルチゾールが減少するなど、成果に有利なホルモン反応がもたらされたことも示されました。

出版以来、学術界では、パワーポーズをとることが研究結果と同じホルモンの変化を生じさせるかどうかについて、激しい議論がなされています。ただ、自尊心と自信の向上に関しては、依然として研究結果が認められています。この自己改善のライフハックは、ガスライティングによるコンロトールから前進するためのツールボックスに入れておくとよ

学ぶこと

- パワーポーズの根拠となる科学的知見と、自信と存在感を高めるパワーポーズの方法
- パワーポーズが自信と自尊心を高めるために有効なのは、どんなときか

必要なもの

- リラックスして注意力が高まった状態での10分間
- （必要なら）鏡
- ペンと紙

いでしょう。簡単に実践できますし、脳へポジティブなメッセージを送ると同時に、自分の身体としっかりつながるうえでも役立ちます。

ワーク

この先、もしくは過去に、もっと自信に満ちた状態でいたい（いたかった）状況を書き出してください（例：就職面接、発表、問題についての話し合い、新たなスキルを使う）。

この状況に対して何とかできそうか、どの程度自信があるか、1から10（10がもっとも自信がある状態）の尺度で評価してください。［　　］

183頁のイラストでは、「ハイ（高い）」パワーポーズと「ロー（低い）」パワーポーズの両方が描かれています。それぞれのポーズをとって、身体で感じてみてください。

ポーズの感覚をつかんだら、自分にとってもっとも自然に感じられるハイパワーポーズを選んでください。安心できるプライベートな空間で、このポーズをとってみましょう（鏡のまえに立って力強い目線を送る練習をすることもできますが、好みに応じてやるか決めてください。ハイパワーポーズの練習としてはやらなくてかまいません）。少なくとも2分間、ハイパワーポーズの姿勢を保ちます。この練習をより効果的にするために、呼吸とつながり、頭に浮かぶことに注意を向け続けましょう。考えが浮かんだときは、それに気づき、手放します。

2分経ったら、その状況に対してどの程度自信があるか、もう一度、1から10（10がもっとも自信がある状態）の尺度で評価してみましょう。［　　］

パワーポーズを使うとき

- パワーと存在感を体現したいときはいつでも、パワーポーズを使ってみましょう。
- このスキルは座って行うこともできます（たとえば、面接会場に向かう車のなかで）。こころの状態と同じように、身体の状態もとても大切です。
- パワーポーズは、だれかと話したり、やりとりしたりしているときにも使えます。

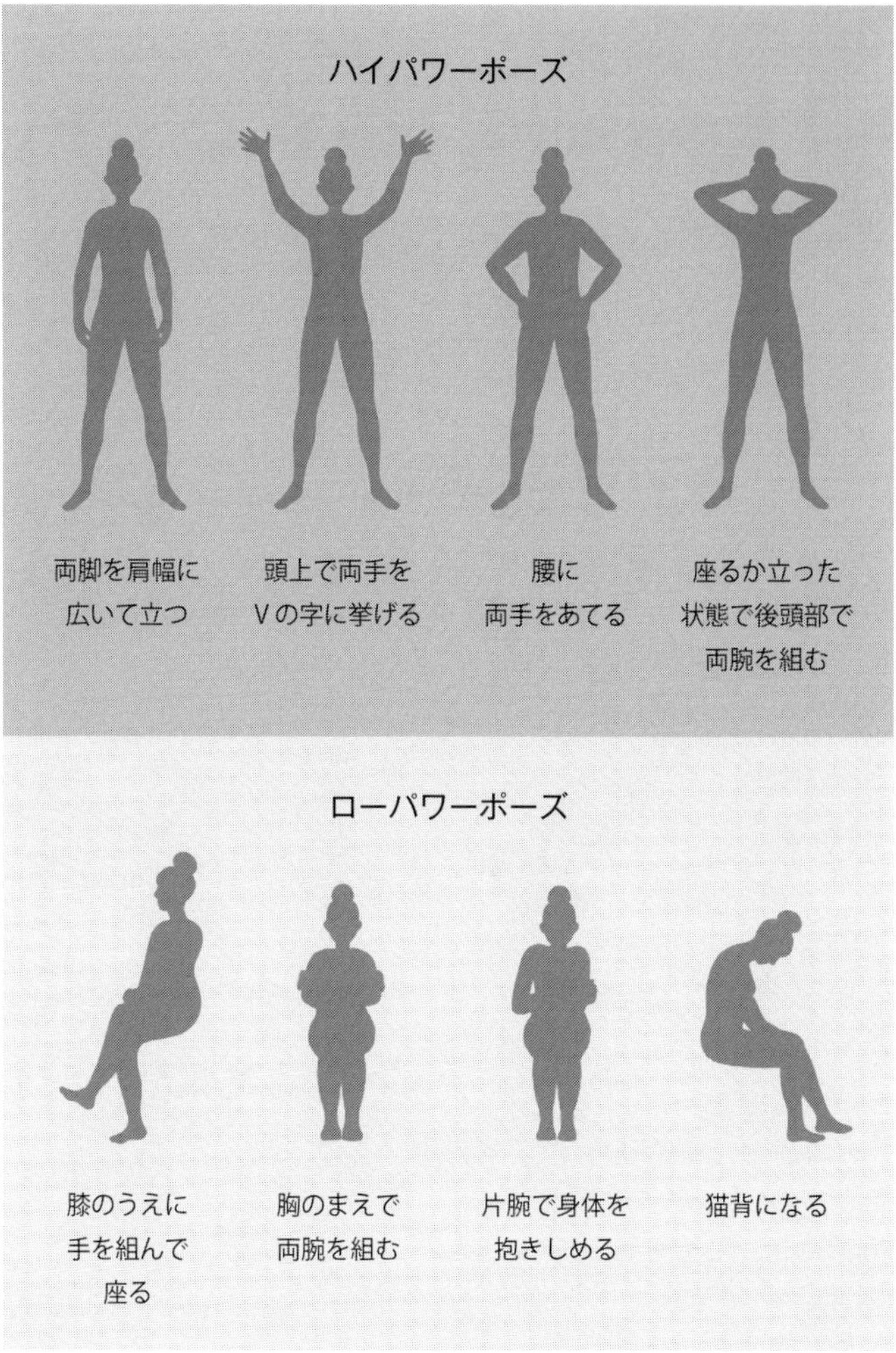
ハイパワーポーズ
両脚を肩幅に
広いて立つ
頭上で両手を
Vの字に挙げる
腰に
両手をあてる
座るか立った
状態で後頭部で
両腕を組む
ローパワーポーズ
膝のうえに
手を組んで
座る
胸のまえで
両腕を組む
片腕で身体を
抱きしめる
猫背になる

あなたが開放的で堂々とした姿勢でいれば、相手はそれを察知し、あなたの自信に見合ったポジティブなフィードバックを返してくれて、よいやりとりの流れが生まれるでしょう。

- パワーポーズは、もめごとがあったときに自分の身体が今ここにあると実感できるようになるのに役立ちます。DEAR MAN（118頁）と合わせて使ってみてください。
- スピーチや発表をするときは、パワーポーズで自信を高め、感じているストレスを鎮めましょう。

次の空欄に、どんなときにパワーポーズを使いたいか、書いておきましょう。

知恵と感謝の実践

ガスライティングを経験すると、ネガティブな思考パターンから抜け出せなくなることがよくあります。「プラス思考の力」はメンタルヘルスを改善することが広く知られていますが、マイナス思考が繰り返し頭のなかをぐるぐるめぐっているときに、プラス思考になろうとするのは至難の業です。広く称賛されている作家であり研究者のブレネー・ブラウンは、感謝は、不安やおそれ、抑うつに対抗する力であると述べています。意図的に感謝を実践しながら、ネガティブな感情やおそれと向き合うことは、回復において重要なところです。感謝する習慣を実践することは、過去の経験に対する視野を広げうるものであり、トラウマの記憶の処理にもよい影響を与えます。トラウマそのものに感謝するようになるという意味ではありません。そうではなく、トラウマの体験から得られた自己の成長や知恵を認識できるようになることをいいます。

学ぶこと

- 癒しを育むために、過去のトラウマから意味を見出す方法
- 感謝が自分の視点を変え、メンタルヘルスを改善し、全体的なウェルビーイングを向上させる方法

必要なもの

- リラックスして注意力が高まった状態での10分間
- ペンと紙

ワーク

感謝のスキルを身につける練習は、2部にわかれています。まず、定期的な練習による基礎固めをして、次に、知恵と感謝の練習に移ります。

定期的な練習で基礎固めをする

ガスライティングから立ち直るとき、定期的に感謝の練習をするのは、不自然で無理があると感じるかもしれません。ですが、練習すればするほど、心地よく、自然にできるようになります。

- 日記やメモ帳、スマホのメモアプリなどを使って、あなたが感謝していることを少なくとも3つ書き出します。
- 些細なことなんて何ひとつありません（わたしは今、これを書きながら飲んだアーモンドミルクのデカフェ・ラテに感謝しています）。ここで重要なのは、何に感謝するかではなく、感謝が脳と身体、精神に与えるポジティブな影響です。
- 毎日実践しましょう。何を書くか考える時間をとるだけで、感謝が習慣化され、朝から晩まで感謝の気持ちがもてるようになり、レジリエンスが高められます。
- 感謝していることを3つ書き出したら、すぐに「知恵と感謝の実践」を始めてもよいですし、1週間、感謝の日記を続けてから、次の練習に移るのでもかまいません。

知恵と感謝の実践

日記もしくは次の空欄に、あなたの身に起きた（おそらくガスライティングの体験に関連した）困難なできごとを書いてください。

このできごとがあなたに及ぼした影響は、どんなものですか?

この経験について考えるとき、身体がどんな感覚になりますか？

この経験によって、どんな行動をとるようになりましたか？

あなたが学んだことに注意を向けるとき、どんな身体感覚や考えが浮かびますか？

過去の経験から「感謝すること」があるとすれば、それは何でしょう?

感謝が人間関係をよくする方法

ウォール・ストリート・ジャーナルのジェニファー・ウォレス記者は、『CBS This Morning』というニュース番組で、感謝が人間関係の形成にどのようにポジティブな影響を与えるかについて、次のように語っていました。

- 感謝は、よいパートナーを見つけることにつながる
- パートナーになりうる相手に感謝することで関心を向けながら、お互いを知っ

ていくことができる

・たとえパートナー関係になれそうになくても、長期的な絆を結ぶことができる

健全な関係性に関心や時間、お金などを使うことは、信頼するということでもあり、ガスライティングからの回復に欠かせないものです。研究でも示されているように、感謝は、その成長を達成するのに役立つ、より効果的な実践のひとつです。

わたしのストーリーを語る

書くことは、認知的、情緒的、精神的な表現を可能にする効果的なツールです。書くことそのものが創造性を発揮する行為であり、ほかの方法では触れられないような感情とつながることもできます。書くことで、自分自身や周囲の世界をより深く理解できるようになり、自尊心や自己価値が高められます。ガスライティングの目的は、被害者の内なる声や自分自身が語るストーリーを封じることによって、被害者の現実感を操作しようとするものです。自分の感情、もしくは真実について書くことは、自分自身のストーリーを取り戻し、

学ぶこと

・自分が経験したことは、どんな自己概念を形成したか
・より大きな自己感覚に気づくためのストーリーを語る力

必要なもの

・リラックスして注意力が高まった状態での10～20分間
・ペンと紙（パソコンでも可）

真実とつながるための効果的な方法です。

ワーク

この練習問題では、ガスライティングの経験を振り返るための教示文（プロンプト）が書かれています。文章を書き進めるにつれて、ストーリーが統合されていきます。どんな些細なことも重要です。それによって、経験したことや自分自身についての理解が深まっていくからです。**できごと、意識の流れ、未来予想図**という3種類のストーリーの欄が用意されています。これらのプロンプトに答えたら、このワークをやってみての自分の情緒的な反応を振り返る機会が設けられています。

用紙、ノート、メモ帳などを使って、それぞれのプロンプトに従い、順に回答を記入します。プロンプトは、効果的に考えを整理できるように考えられた順序になっています。プロンプトにひとつずつ回答していくか、ある状況に対して3つのプロンプト全部に答えていくかは、自分で決められます。2つ目のプロンプトへの回答が少なくとも1頁は必要であること以外は、このワークは書いた内容の質や量ではなく、むしろ書くという体験そのものを重視しています。ですから、書いたものを修正しようとしないでください。

プロンプト（その1）：できごと

ガスライティングの経験についてのストーリーを語ってください。最初にガスライティングに気づいたのはいつですか？　そのとき、どんなふうに感じましたか？　当時の自分に伝えたいことはありますか？（批判でなく、思いやりのあるトーンで書きましょう）

プロンプト（その2）：意識の流れ

こころに何か浮かんだら、それをメモしてください。ガスライティングの経験、自分の感情について書くときに感じること、もしくは自然に浮かんでくる思考プロセスに関係したものかもしれません。作業を中断したり、書いたものを読んだり、見直したりしないでください。書くスペースが足りないときは、別の用紙を使うか、ノートに書いてください。

プロンプト（その3）：未来予想図

ガスライティングの経験から得た知識によって、将来、どんなことを望むようになりましたか？　あなたが信頼に値すると思うのは、どのような人間関係でしょう？　この先、どんな危険信号に注意を払っていきますか？　ガスライティングのない生活は、どんなものでしょう？

最後の振り返り

選択したプロンプトに回答したら、書いたものを読み返してみましょう。声に出して読むと、さらに深く整理できます。

- 自分が書いたものを読むとき、どのような感情がわきますか？
- 書いたものから、何か新しい発見がありましたか？
- 書いたもののうち、だれかと分かち合いたい、もしくはだれかに表現したいと思うことはありますか？
- もし、3つの教示文のうちどれかひとつ選ぶなら、それはどれですか？　それはなぜですか？
- 今後も書いてみたいですか？　もしそうなら、どれくらいの頻度で行いますか？

ここで示したできごとと意識の流れ、未来予想図という書き方は、人生経験をしっかり整理し、回復を促進するのに役立ちます。また、自己との一貫したつながりをもち続けることは、さまざまな暴力やコントロールに立ち向かうために重要で、ガスライティングから身を守るうえでも有益です。

まとめ

自分自身について深く知り、自分がいかに価値ある存在であるかを理解することは、ガスライティングというコントロールからの回復に欠かせません。自分自身とデートし、自分に喜びをもたらすものが何であるのかを理解し、それを自分に与えようとすることは、ガスライティングによるコントロールが起こりうる場面でも、それに立ち向かうための基盤となります。あなたは、そのままで十分価値ある存在です。価値ある自分自身を大切にすると、周囲も同じようにあなたを尊重するようになります。

自己価値を高め、自信がもてるようになるためのもうひとつの方法は、健全な境界線を設定することです。境界線は、自分の身体が安全だと感じられていることが大切です。この章で学んだ呼吸法と自信をみなぎらせるパワーポーズを組み合わせることで、回復の旅をアイデアから実行に移せるようになるでしょう。自分自身のポジティブな変化に気づいたら、まだまだ変えたいことが山積みだと途方に暮れるのではなく、感謝の習慣で自分の成長を認識してください。変化している自分自身への感謝を実践することで、たとえ少しずつであっても、ひとつひとつの変化を達成しやすくなります。ガスライティングによって影響を受けたあらゆる部分について知り、自分の価値とつながり続け、困難なこともできるようになるはずだと信じることで、セルフラブを実践する準備が整っていくのです。

第9章

セルフラブを実践し、本当の自分を受け入れる

本章では、ウェルビーイングと前進する力を強める対処スキルを使って、セルフラブを実践する方法について述べていきます。ガスライティングからの回復プロセスに役立つ方法には、ヨガ、呼吸法、ＥＦＴタッピング、ＩＦＳ「パーツワーク」、ＥＭＤＲ、アートセラピーなどがあります。これらの治療スキルは研究も進んでおり、ガスライターが破壊しようとした被害者の自己価値を再構築する助けになります。自分自身について、精神的、身体的、そして創造的に、より深く探っていく方法を学び、本当の自分を受け入れるための一歩を踏み出しましょう。

自分の「パーツ」から学ぶ

リチャード・シュワルツ博士の内的家族システム（ＩＦＳ）モデルでは、人はただひとつの統一された自己ではなく、パーツ［副人格］の集合体が全体を構成していると考えます。

パーツには、次の3つのタイプがあります。〈マネージャー〉（同時に複数のことをこなすマルチタスカー、職業人、子育てしながら働くママ、教員など）は、過労でいっぱいいっぱいになってしまうまでは高機能にみえます。〈ファイアーファイター〉（ストレスで過食する人、買い物依存症、怒りんぼ、先延ばしグセなど）の役割は、たとえそれが有害な方法であっても、苦痛をできるだけ早く軽減しようとする役割です。〈エグザイル〉（失敗をおそれる、満たされないと不安になる、目をかけられないことや愛されないことへの懸念など）は、人が自覚していないかもしれない過去の隠されたパーツであり、幼少期のトラウマや対人間トラウマ、もしくは抑圧された記憶に起源がある場合が多いとされています。

自己価値や自信のパーツは、自分という人間のすべてのパーツがどんなものなのかを学んでいます。安心感をもち、話を聴いてもらえたと感じられると、人は思いやりと好奇心をもって自分のあらゆるパーツに批判的にならずに近づくことができます。もしあなたが、友人やセラピストに自分の気持ちを打ち明けたとき、耳を傾けてもらうどころか、無視されたり、立ち去られたり、批判されたとしたらどうでしょうか。自分自身のパーツを拒絶したときにも、それと同じことが起こります。つまり、パーツはあなたから離れてしまうのです。パーツの存在がなければ、人は何も学ぶことができません。

学ぶこと

- リチャード・シュワルツ博士の内的家族システム理論（IFS）の基本的理解
- 「悪いパーツ」と思っているものから学び、それに感謝する方法

必要なもの

- リラックスして注意力が高まった状態での10分間
- ペンと紙

ワーク

次のワークでは、ＩＦＳ方略を用いて、ガスライティングや情緒的コントロールからの回復を促します。以下に、答えを書いてください。

1 ガスライティングの被害に関連するパーツをひとつ選んでください（例：恐怖心のパーツ、防衛的なパーツ、不安なパーツ、戦士的なパーツ、トラウマとなっているパーツ、サバイバーのパーツなど）。身体感覚、思考、感情が出てきたら、それに気づき、書き留めておきましょう。

2

ガスライティングの被害に関連するパーツについて、できるだけくわしく書いてください。創造性を発揮してください。間違った答えはありません。

3

目を閉じて、深呼吸をし、あなたとそのパーツが向かい合って座っていると想像してください。このパーツはどこから来たのか（いつ出現したのか、なぜ来たのか、そのパーツの「仕事」や役割と思われるものは何か）を尋ねてください。

4 そのパーツに、こう尋ねてみましょう。「もっと安全に感じられるようになるには、何が必要だと思う？」もし抵抗があるなら、聞き方を少し変えてもかまいません。たとえば、「あと10％だけ多く安全を感じられるようになるには？」など。

5 胸に手をあて、そこにあるパーツに愛と安心とサポートを与えましょう。こころが広がり、ほかのパーツにもくまなく温かさが注がれるのを想像してください。

注意事項

- 具体的にイメージしづらい人もいるでしょう。そうした人は、身体の内側にある感情や情動とつながってみましょう。

- ガスライティングの被害に関連するパーツは、ほかにもたくさんあるかもしれません。もっとも注意を払うべきパーツか、もっとも苦労しているパーツをひとつ選んでください。あとでまた、このワークに戻ってきて、ほかのパーツをサポートすることができますし、非常に抵抗が大きい場合には、同じパーツに対して繰り返しワークをやるのでもかまいません。
- このワークを終えても、完全な解決は感じられないかもしれません。とくに、取り組んでいるパーツに深いトラウマがある場合はなおさらです。こうしたときは、プラス1%の変化や成長を遂げようとする部分に、プラス1%の手段を使ってみましょう。自分自身に、こんなふうに問いかけてみてください。「この部分があと1%安心できるようになるには、どうしたらいいんだろう?」
- パーツは無数にあります。新たなパーツを発見したら、ノートに書くか、リストを更新しましょう。
- 別のパーツを発見したときは、どうして異なるパーツなのか、どんな人や物がトリガーになって出てきたのかを考えましょう。

EMDRスパイラル・テクニックでストレスに立ち向かう

スパイラル・テクニックは、フランシーヌ・シャピロ博士によるトラウマセラピーである眼球運動による脱感作と再処理（EMDR）から派生したもので、ストレスやトラウマから生じる不穏な思考や感覚から注意をそらすための優れたツールです。ストレスが生じたときに、それを抑圧したり無視したりするのではなく、このテクニックでは安全に落ち着く方法を用いて、その場でストレスに対処します。ガスライティングの被害にまつわる不安や強迫観念をやわらげるためにも活用することができます。

学ぶこと

- EMDRスパイラル・テクニックを用いて、不快感、ストレス、トラウマに立ち向かう方法
- 痛みから解離することと、痛みとともにあろうとすることの違い

必要なもの

- ストレスを感じているとき、もしくは深くリラックスしたいときの15分間
- 現在もしくは過去に苦痛を感じたときの記憶

ワーク

このツールは、いつでもどこでも使うことができます。主観的不安尺度（SUDS、99頁参照）が4以上と感じたときに使うとよいでしょう。このスキルを初めて試すときは、静かで安全な場所を見つけて、このスキルが自分にどんな影響をもたらすかに

注目しながら、マインドフル［「良い／悪い」の価値判断をつけずに、今この瞬間に注意を向けているこころの状態］になれるようにしてください。

1 不穏な記憶やできごとを思い浮かべ、身体に起こっている感覚に気づきます。

2 目を閉じても大丈夫であれば、目を閉じます。あるいは、まえをうっすら見ながらでもかまいません。

3 その記憶や体験を思い浮かべたときにどう感じるか、0から10の尺度で評価します（0は平静を保てる、10は耐えがたいほどの苦痛を感じる）。

4 身体のどこに、緊張、こわばり、いつもと違う感覚があるでしょうか。

5 身体のその部分が、螺旋《スパイラル》のように動いていると想像してください。螺旋の動く方向は、時計回りですか？　それとも、反時計回りですか？

6 目を閉じたまま、優しく眼球を動かしてその螺旋をたどります。

7 2分間ほど続けます。タイマーをセットしてもよいですし、深呼吸を10回行っておよその時間をつかむのでもかまいません。

8 準備ができたと感じたら、こころのなかで螺旋の方向を変えます。螺旋が反対方向に動き始めたら、何が起こるかに注目してください。

9 これを約2分間続けます。

10　最後に、もう一度、SUDSで苦痛を測り、スパイラル・テクニックの開始時に感じたこと、方向を変えたときに気づいたことを書き留めましょう。

スパイラル・テクニックの活用法

- 女性特有のさまざまな痛み（妊娠、月経、それらと同様に高い割合で起こる慢性疲労、自己免疫疾患、炎症など）がありますが、このスキルはそうした痛みに対処するのにも優れた方法です。SUDSは、情緒的ストレスを測るだけでなく、身体的苦痛を評価するのにも使えます。
- 5～10分の時間がとれない場合でも、1分でも集中してスキルを使えば、SUDSを減らすことができます。
- このスキルは、パニック発作が起こったときにも使うことができます。ゆっくりと息を吸って吐くことに集中しましょう。スパイラル・テクニックと一緒に呼吸法を行うのは、非常に効果的です。

セルフラブのためのアートセラピー

アートセラピーは、１９４０年代に視覚コミュニケーションによる代替方法として臨床に取り入れられるようになったもので、過去のトラウマについて話したり考えたりする際に効果的なツールです。

米国アートセラピー協会によると、アートセラピーは自尊心と自己覚知を高め、情緒的レジリエンスを養い、洞察力を促進し、社会的スキルを向上させ、葛藤やストレスを軽減し解決するのに役立ちます。アートセラピーは、トラウマからの癒しのプロセスを支えるためによく用いられています。次のワークは、セルフラブと自己覚知を高めることに焦点をあてたものです。

学ぶこと

- アートセラピーで、本当の自分を受け入れるための方法
- 自分の好きなことと自分らしさを探求する、楽しくてリラックスできるアートの手法

必要なもの

- リラックスして注意力が高まっている状態での20～30分
- 色塗りの道具（クレヨン、色鉛筆、マーカーなど）
- （必要なら）画用紙

ワーク

「指向《ディレクティブ》」と呼ばれるアートセラピーのワークは、完成したものではなくプロセスが重要です。美しいものを作ることで自尊心を高めることはできますが、何よりも大切

なのは、何を表現しようとしているのか、そのときにどんなふうに感じているのかということです。このワークは、画材に触れたり使ったりしているときの感覚に注目しながら、じっくり取り組んでください。

- 次頁に、ハートの図形があります。タイトルは「わたしが愛するもの」です。
- ガスライティングの被害から立ち直ろうとしている女性のなかには、自分自身の好きなところに注目するのがむずかしいという人もいます。こうした場合、身のまわりの美しいものを探し、自分が大好きで楽しめる場所や人、物、ペット、ポジティブな思い出などを思い浮かべるとよいでしょう。
- ペンを使って、ハートの図形のそれぞれの部分に「愛するもの」を書き込んでいきます（「愛する」という言葉がピンとこない場合は、「好きなもの」とか「楽しいもの」にしてもかまいません）。
- 空白に書き込んでいくとき、あなたが好きなことなら**何だってかまわない**ということを忘れずに（たとえば、映画を観る、散歩する、大切な人と時間を過ごすなど）。
- 次に、自分が好きな色を選び、ハートのそれぞれの部分を好きなように塗りながら、色のモザイクを作ります。
- 完成したら、さまざまな色に目を向け、感謝の気持ちをもって「愛しているもの」をじっくり眺めましょう。

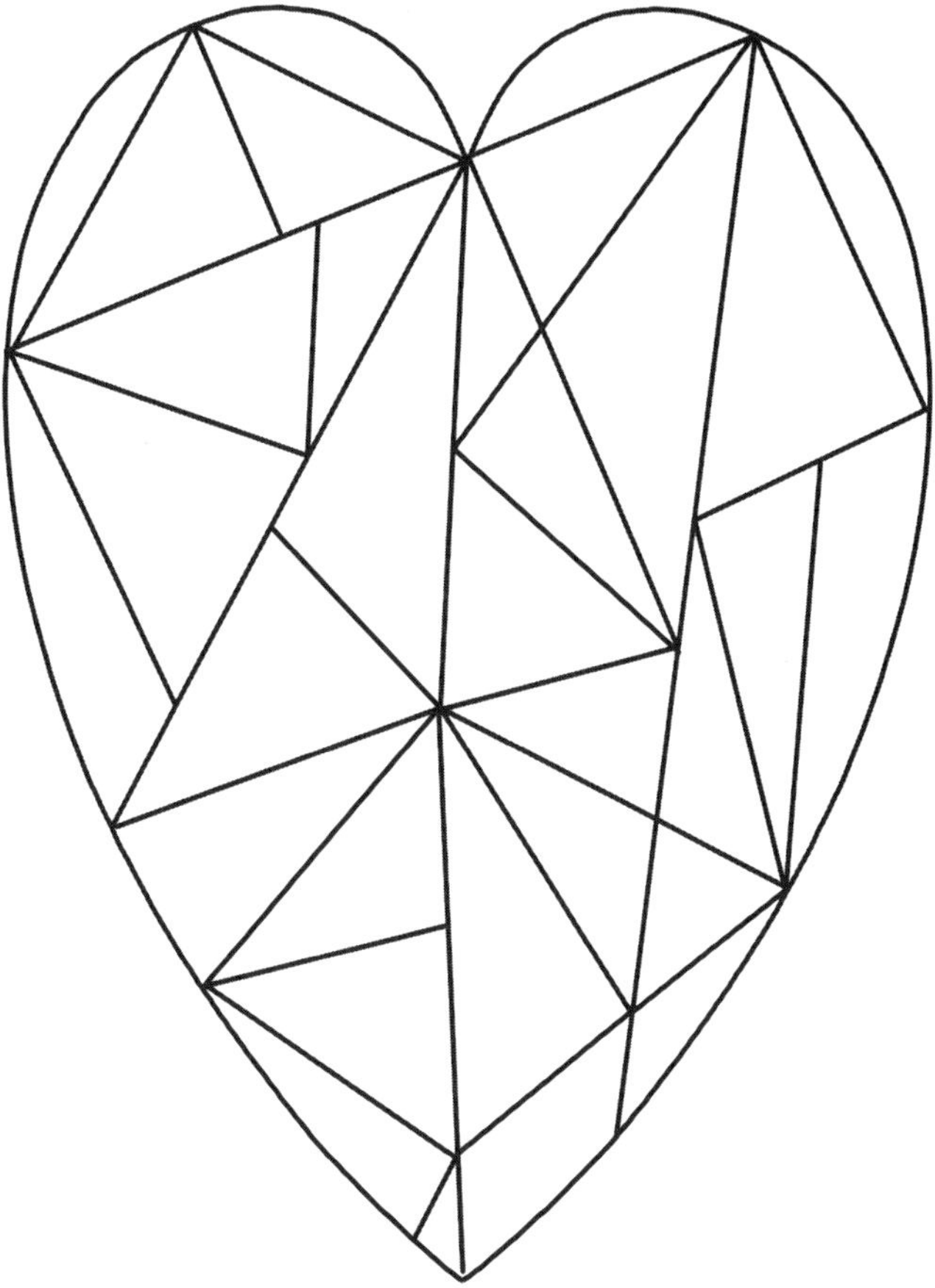

タイトル：＿＿＿＿＿＿＿＿＿＿＿＿

・最後に、次の3つの質問を自分に投げかけて、作品をさらに深めましょう。
・どんなタイトルをつけますか？
・どんな感情がわきますか？
・自分自身について、何がわかりましたか（もしくは、思い出しましたか）？

セルフラブを育むアートセラピーのアイデア

・雑誌、紙、のり、ハサミを用意して、自分自身を表すコラージュを作る。
・安全な空間をイメージした作品を作る。
・名前を使った「あいうえお作文」を作る。自分の名前を紙の端に書き、それぞれを頭文字にした詩や文章を作る（例　Pam《パム》：Perseverant〔忍耐強い〕、Adaptable〔適応力がある〕、Musical〔音楽のセンスがある〕など）。その頁にイラストを描いてもよいし、そのままでもよい。
・山の絵を描き、片側にすでに達成したこと、もう片側に将来達成したいことを書く。

セルフラブ・ヨガ

情緒的コントロールやガスライティングによるトラウマの被害を受けると、自分の身体と穏やかにつながるのがむずかしく感じられることがあります。『身体はトラウマを記録する―脳・心・体のつながりと回復のための手法』(柴田裕之訳、紀伊國屋書店)の著者であり、50年にわたるトラウマ研究のパイオニアであるベッセル・ヴァン・デア・コークは、トラウマを癒す非医学的な方法として、身体と自己の関係を深めるヨガの活用を提案しています。ヨガは本当に「身体内の組織の問題を癒す」のに役立ち、呼吸、身体、こころとの関係を強化する可能性を秘めています。身体的な健康を増進し、炎症を抑え、ストレスホルモンを調整するという作用があり、これらはすべて自分を愛するという実践にもなります。

学ぶこと

- セルフラブを表現するために、ヨガをどのように活用できるか
- セルフコンパッションとグラウンディングを促す、穏やかな一連のポーズ

必要なもの

- リラックスして注意力が高まった状態での15〜25分間（練習を繰り返したい場合は、より長い時間が必要）
- 動きやすい服装
- ヨガマット（もしくはタオル）

ワーク

次に挙げるのは、セルフコンパッションを高める一連のヨガポーズです。できれば、それぞれのポーズに1～2分かけて、ゆっくりと行ってください。この実践は、伝統的な中国医学に基づいたゆっくりとしたヨガである陰ヨガと呼ばれるスタイルを用いています。

陰ヨガの3つのステップは、次の通りです。

1 静止：できるだけ静止したポーズを保ち、ポーズを変える際もペースを落とします。

2 呼吸：ゆっくり息を吸って吐くことに集中します。吐くときに、筋肉をより深くリラックスさせます。

3 エッジ［呼吸に無理がなく、痛みを感じるまえの限界点でポーズを保持すること］：ここで重要なのがセルフラブです。自分を追い込みすぎたり、すぐにあきらめたりしないこと。静止したポーズを保ちつつ、心地よく感じられる程度のむずかしいポジションもやってみましょう。

ダウンドッグ

ダウンドッグ（うつむく犬）

まず、四つん這いになり、両脚は腰幅に開いて、上腕二頭筋と耳をぴったりとくっつけて、両手を床にしっかりとつけたら、お尻を空に向かって突き上げます。両脚がまっすぐであることは重要ではなく、その姿勢を取ろうとするだけで十分です。

セルフラブの実践：頭頂部（頭のてっぺん）に向かって呼吸を送ることにエネルギーを集中させます。自信喪失で悩んでいるときは、こころのエネルギーが枯渇してしまいます。この姿勢は、それを回復させるのに役立ちます。できれば1分間、この姿勢をキープしましょう。

セルフケアのために：両腕が疲れたら、まだ1分経っていなくても次の姿勢に移りましょう。

チャイルドポーズ

チャイルドポーズ（子どものポーズ）

両膝を離して、腰が伸びるのを感じるまで両脚のあいだにお尻を引っ張ります。おでこを床につけ、両腕を頭のうえで遠くまで伸ばしながら首を伸ばします。胸椎をさらに広げるために、指先を上のほうに少しずつ動かしていきましょう。

セルフケアのために：必要なら、両膝の下にタオルやマットを敷いてください。

セルフラブの実践：身体が床に放たれるのを感じ、ネガティブな考えがおでこから地球に流れ出ていくのをイメージしましょう。心臓の中心の奥のほうまで届くように、ゆっくりと深く呼吸します。

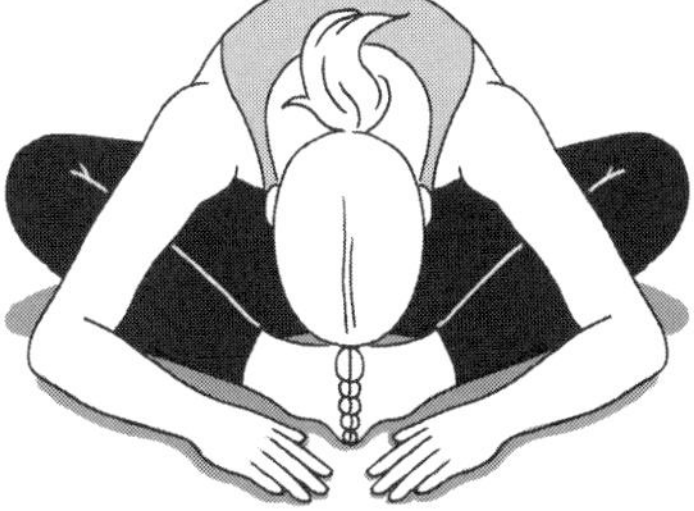

バタフライポーズ

バタフライポーズ（蝶のポーズ）

両脚をそろえて座ってから、両脚を広げて背筋を伸ばし、息を深く吸い込みます。息を吐きながら、心地よい伸びを感じるまで両脚に重なるように前屈します。

セルフケアのために：折りたたんだタオルを両膝の下に置き、左右の足を支えます。

セルフラブの実践：自分のエネルギーで心臓を守っているように、心臓を抱きしめるイメージを浮かべながら、ゆっくりと深呼吸をします。

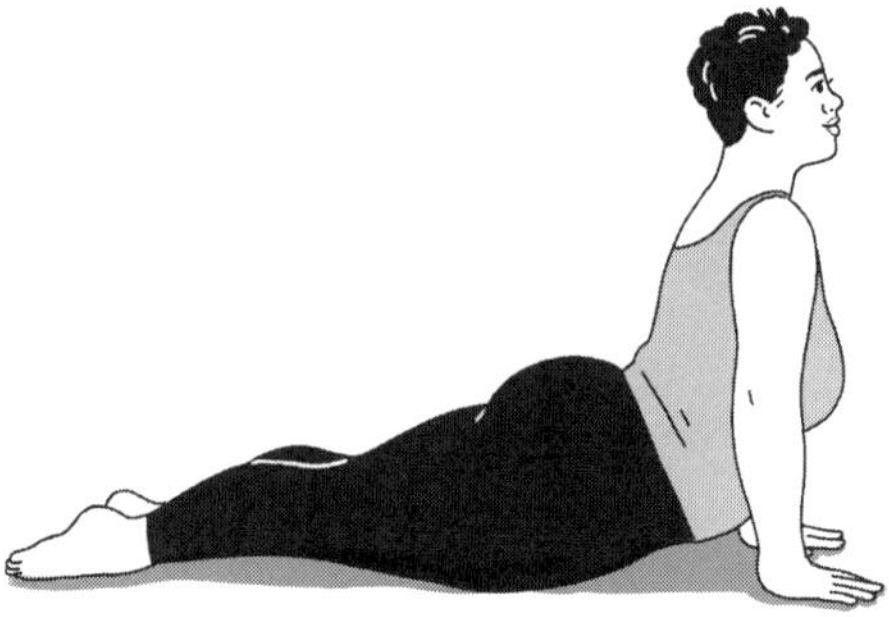

スフィンクスのポーズ

スフィンクスのポーズ

うつ伏せになり、つま先を後ろに長く伸ばします。足の甲を床にしっかりつけて、腰を下に押しつけます。両手で身体を押しあげ、腰はやさしく保ち、両前腕（ひじから手首まで）を床につけます。首を伸ばし、正面にぼんやりと目線を向けます。

セルフケアのために：腰に力が入っていると感じたら、両腕を離し、片方の手をもう片方の手に重ね合わせます。両手の上におでこを乗せ、腰に息を吹き込むようにします。

セルフラブの実践：顎の力を抜き、この姿勢で心臓の中心を開いていると想像します。あなたや宇宙が与えるどんな愛のエネルギーに対してもオープンであることをイメージします。

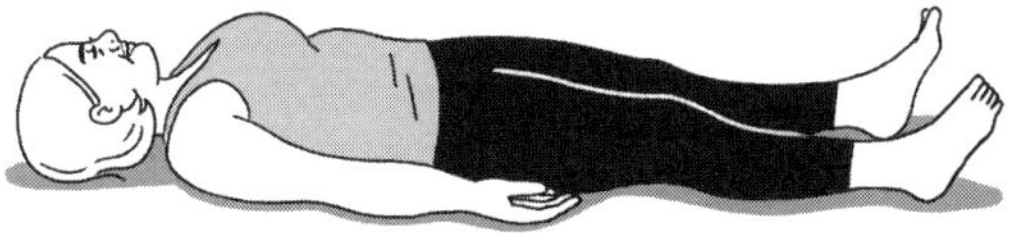

シャヴァーサナ

シャヴァーサナ（亡骸のポーズ）

最後のポーズは、神経系全体を落ち着かせ、こころを穏やかにし、身体にたまっているストレスを軽減することを目的としたものです。仰向けになり、まず両脚と両腕を大きく広げます。必要なだけのスペースを確保してください。目を閉じるほうが心地よければ、そのようにします。深く息を吸い込み、身体の背面が床や大地とつながっているのを感じます。頭のてっぺんからつま先に向かって、身体の各部分がほぐれていくのをイメージします。

セルフケアのために：両膝の下に丸めたタオルやボルスター［補助具のクッション］を置き、腰の負担を軽くします。

セルフラブの実践：最後の休息ポーズによって、自分は自由であり、唯一無二の存在で、ありのままでよいことを思い出します。今この瞬間、あなたはあなたであるだけで愛に値します。息を吸うたびに愛を取り入れ、息を吐くたびに自分に役立たないものはすべて手放してしまいましょう。

痛み、ストレス、トラウマのためのEFTタッピング

EFT（エモーショナル・フリーダム・テクニック）タッピングが開発されたのは1970年代で、医師たちがストレスやおそれ、恐怖症への治療として指圧刺激を用いることを模索し始めたころです。このテクニックは、1990年代にスタンフォード大学のエンジニアであったゲイリー・クレイグによって正式に確立されたもので、指圧のツボを指先で叩くことによる物理的な刺激を組み合わせた短期の介入法です。指圧のツボは、圧力が加えられると安らぎをもたらす、身体の非常に敏感な部分です。この実践は、経絡のツボ（「気」としても知られるもので、エネルギーが妨げられていなければ、気が流れて循環するための体内の通り道）をタッピング（身体的／物理的刺激）しながら、解決したい問題を述べ（エクスポージャー）、自分を肯定的に認めるアファメーション（セルフラブ）で反応して、ストレスやネガティブな感情を軽減させるものです。EFTを体験した人は、よりリラックスし、頭のなかでぐるぐる浮かんでいた雑念が大幅に減ったことで、不安感が大きく軽減されたと報告しています。不安に関する大規模な研究では、研究参加者は認知行動療法だけを受けた場合と比べて、わずか3回のタッピングの

学ぶこと

- EFTのやり方とその効果
- EFTが役立つさまざまな問題や状況について

必要なもの

- 中断されない5分間
- 解決したい、または取り組みたい問題、考え、感覚

セッションで、より大きな安らぎが得られたことがわかっています。さらに、帰還兵を対象として、PTSDの症状への治療でEFTを行った研究では、10回以下のセッションで、研究参加者の63％においてPTSD症状が軽減したことがわかっています。

ワーク

ストレスや情緒的な苦痛に取り組むためにEFTタッピングを実施する際の図を219頁に示します。タッピングするポイントはすべて上（頭のほう）から順番に並んでいます。ほんの5分で、EFTの5つのステップを全部行うことができます。

1 深く息を吸い込み、指先でポイントをタッピングします。タッピングの強さは、圧は感じるが痛くない程度にし、トントントン……と早いペースで繰り返します。心地よいと感じるあいだ、それぞれのポイントをタッピングします。

2 タッピングを続けながら、苦痛を引き起こしている問題（おそらくネガティブな思考や感覚、記憶でしょう）を定め、それに名前をつけます（孤独、低い自尊心、怒りなど）。

3 苦痛の強さを1から10までで評価します（10がもっとも苦痛が大きい）。［　］

4 ポイントを移動させてタッピングを続けながら、呼吸とつながり、自分の身体がどう感じているかに意識を向けます。準備ができたと感じたら、「いやな記憶が思い出されたとしても、わたしは落ち着いてリラックスできます」「ストレスを感じても、わたしは自分を愛し続け、受け入れていきます」といった心地よいフレーズを選んでください。

5 自分で選んだフレーズを（こころのなかで、もしくは声に出したほうがよければ大きな声で）ポイントごとに少なくとも3回繰り返しながら、すべてのツボをタッピングしていきます。

6 苦痛の強さを再評価しましょう。［　］

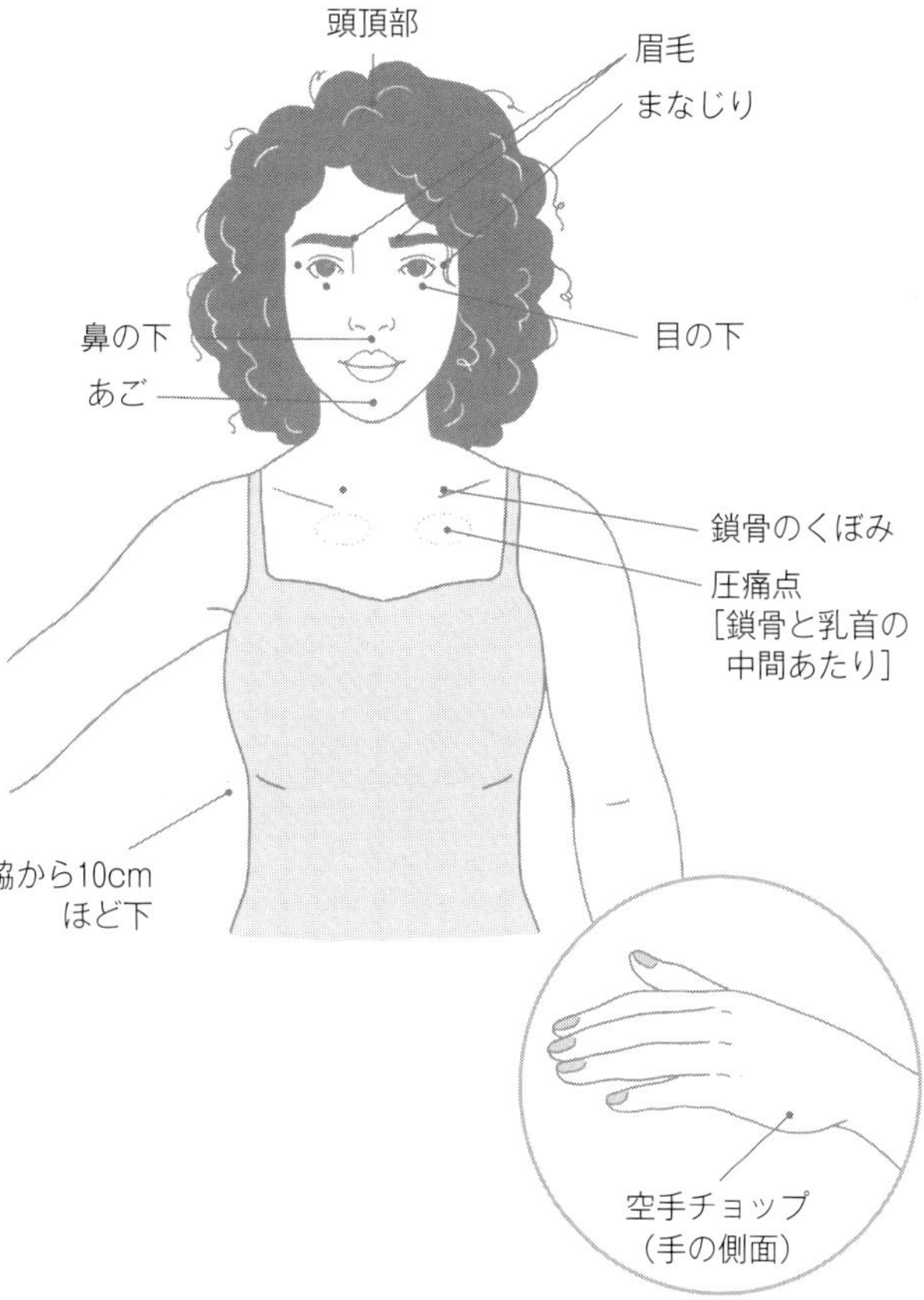
頭頂部
眉毛
まなじり
鼻の下
あご
目の下
鎖骨のくぼみ
圧痛点
[鎖骨と乳首の
中間あたり]
脇から10cm
ほど下
空手チョップ
(手の側面)

タッピング・ポイント

タッピングに関する注意事項

- 「クラウン・チャクラ」［頭蓋骨の中央部に位置し、浄化や解脱のエネルギーの起点とされる］とつながっている頭頂部のタッピング・ポイントに戻ることで、人生に対してより前向きな見通しを立て、自分を落ち着かせ、練習を「完了」した感覚をもつことができます（ただし、どのポイントで終えてもかまいません）。
- 自分が心地よいと感じない、もしくは治療効果を感じられないポイントは、省いてもかまいません。身体は相互につながっているので、ひとつのポイントをタッピングすると別のポイントにもよい影響をもたらします。
- タッピングは30年近くまえから研究されており、不安、抑うつ、PTSD、慢性疼痛などを緩和することがわかっています。
- セラピストは（わたしも含めて）、さまざまな症状に悩まされているクライエントが落ち着くのをサポートするために、セッションのなかでタッピングを使うことがあります。
- タッピングは自分自身に対して実践できるものなので、セルフラブを表現するすばらしい方法です。また、いつでもできる身近なセルフケアでもあります。

タッピングに使えるフレーズの例

- 「　　　　　と感じても、わたしは自分自身を深く完全に受け入れます」
- 「　　　　　について不安であっても、わたしは自分の気持ちを完全に受け入れます」
- 「コントロールできないと感じても、わたしは自分をまるごと完全に受け入れます」
- 「ストレスを調整できなくても、わたしはリラックスして、この瞬間を受け入れることを選びます」

まとめ

この章は、自分自身をケアする方法について考えるだけでなく、そのなかでセルフラブも実践できるようにと願いながら書きました。いわば、ラブレターのようなものです。ストレスに直面したとき、自分にとって何が一番効果的かを知ることで、この先、身に降りかかるかもしれないガスライティングから身を守ることができます。ガスライターは、被害者の不安な気持ちにつけこんできます。ですから、自分自身への愛が深ければ深いほど、加害者になりうる人から自分を積極的に守ることができるのです。自分をゆるすことやセルフコンパッションも、ガスライティングから回復して前進するために欠かせないセルフラブのひとつであることをお忘れなく。ゆるしは、人によって実にさまざまな意味をもつので、次の章では、ゆるしという複雑なセルフラブによる支援ツールを紹介します。

しばらくのあいだ、この章で学んだ実践を用いて、自分自身についてより深く知ったり、自分自身を愛したりすることを続けてみてください。さまざまな問題に対処するのに何が一番効果的か、いろいろなタイミングで試してみることも、自分という人間をさらに理解するための方法です。自分自身をケアし、自分の苦痛が妥当なものだと認め、自分をサポートできるようになることは、この先、ガスライターとなりうる人から自分を守るための効果的な方法です。

第10章
信頼と健全な人間関係を確立する

ガスライティングによるコントロールを受けたあと、再び信頼することを学ぶのはむずかしいものです。自分自身を信頼するのも、人間関係のなかで他者を信頼することも。このプロセスは、少しずつ、自分のペースで取り組んでいかなければなりません。クライエントとのセラピーでは、他者や自分自身を１００％完全に信頼するのではなく、10％だけ多く信頼するとはどういうことかを探っていきます。この方法なら、自分の足場を保つことができるでしょう。

この章では、信頼することによって、自信と安全感を高めていきます。内省的に、自己信頼の土台を再構築するスキルから始めましょう。準備ができたと感じたら、いよいよ最後のワークです。あなたがゆるして手放したいと思っている未解決の問題を評価しながら、あなたが望み、あなたに値するような将来の関係性について探っていきましょう。

自分の直感を信じる——マニプーラ・チャクラ・ワーク

ガスライティングを経験したあと、新たな人間関係を築き、再び信頼できるようになることは、苦しい戦いのように感じられるかもしれません。時間がかかるプロセスなので、忍耐が求められます。ガスライティングを受けたあとの自分の感じ方に注意を払うと、この先の人間関係において、自分が何を望んで**いない**のか、よく理解できるようになります。自分の直感に従うことは、相手を知ろうとする初期の段階で「危険信号かもしれない」とか「変な感じがする」といった見極めをするのに役立ちます。次のワークは、ヨガのチャクラ理論を用いて、自分の直感によってバランスをとり、自分自身とつながろうとするものです。記録しながら、その体験を振り返ります。

学ぶこと

- 直感に耳を傾ける方法
- 直感（第3チャクラ：腸）のエネルギーバランスを整え、この先の人間関係を選択する際の自信と意志を高める方法

必要なもの

- 自己内省のための10〜20分間
- 瞑想のための静かな空間
- ペンと紙

ワーク

ヨガの伝統では、人の直感を司《つかさど》る第3チャクラ（マニプーラ）が、やる気、自信、

目標、意志と関連しているといわれています。西洋医学では、体内のセロトニン（「幸せホルモン」と呼ばれるもの）の90％が腸から作られることが見出されており、腸のバランスを整えることはメンタルヘルスによい影響を与える可能性があります。深く、集中した呼吸は、代謝を高めることで腸内のエネルギーを増大させます。次の瞑想を行うときは、このことを覚えておいてください。

マニプーラ直感瞑想

1　理想的には、太陽の下や明るい場所で、背筋を伸ばして座るか立つかし、目を閉じます。
2　両腕を下ろし、鼻から息を深く吸い込み、意識を内側に向けます。
3　唇をすぼめて息を吐き、足元の地面と頭の上の空間を意識します。
4　次に息を吸うとき、両腕をゆっくりと空に向かって引きあげ、腹部の中心から明るい黄色い光が発せられるのをイメージします。
5　息を吐きながら、流れるようにゆっくりと腕を下ろします。
6　黄色いチャクラの色が息を吸うたびに大きくなり、息を吐くたびに明るくなるのを感じながら、一連の流れを続けます。
7　黄色い光ができるだけ明るく大きくなったと感じたら、両腕を頭上に伸ばし、指先が空をかすめるようにイメージします。

8 最後に、両腕を身体の側面に戻し、自然な呼吸に身を委ねます。

9 準備ができたら、目を開けます。このワークであなたが生み出したパワーを感じましょう。

目を開けたら少し時間をとって、まわりの空間に意識を向け直しましょう。準備ができたら、次の質問に答えてください。

直感のパワーとつながっているとき、身体はどんな感じですか?

この感覚は、不安なときの感覚とどう違うでしょう？

どんな人や行動が、直感のパワーの感覚を失わせるでしょう？

直感が注意を払うべき、具体的な危険信号は何ですか？

内的ゆるしから外的ゆるしへの6段階

また傷つけられるかもしれないという恐怖は、他者への不信感を生み、とりわけ痛みがまだ生々しく、自分でもはっきりわかっていないときは、恐怖そのものを遮蔽するプロセスにつながります。悲嘆の段階と同じように、ゆるしにも段階があり、それぞれのペースでその段階を進んでいきます。

ゆるしというのは、あなたを傷つけた相手のためではなく、むしろ自分自身のためにするものだと広く信じられています。これは正しいのですが、ここでの意味合いは少し異なります。ゆるしは、セルフコンパッション、痛みからの解放、そして自分自身を守ってきたと同時に苦痛をもたらすことにもなった防衛機制を手放すことによって、**内側から**起こるものです。内的ゆるしを経験すれば、他者にもゆるしを向けることができるようになります。

外的ゆるしは、最後の3段階で起こるもので、他者に対してゆるしを「授ける」もしくは「与える」といったかたちで起こります。

外的ゆるしとは、自分がされたことを許容したり、相手にあなたを再び傷つける許可を与えたりすることで**はなく**、加害をした人（も

学ぶこと

- ガスライティングによるコントロールを受けたあと、他者を信頼する旅において、ゆるしはどのように役立つか
- ゆるしの 6 つの段階と、そのプロセスのなかで自分はどこにいるのか

必要なもの

- ゆるしたい人や状況を思い出す
- ペンと紙

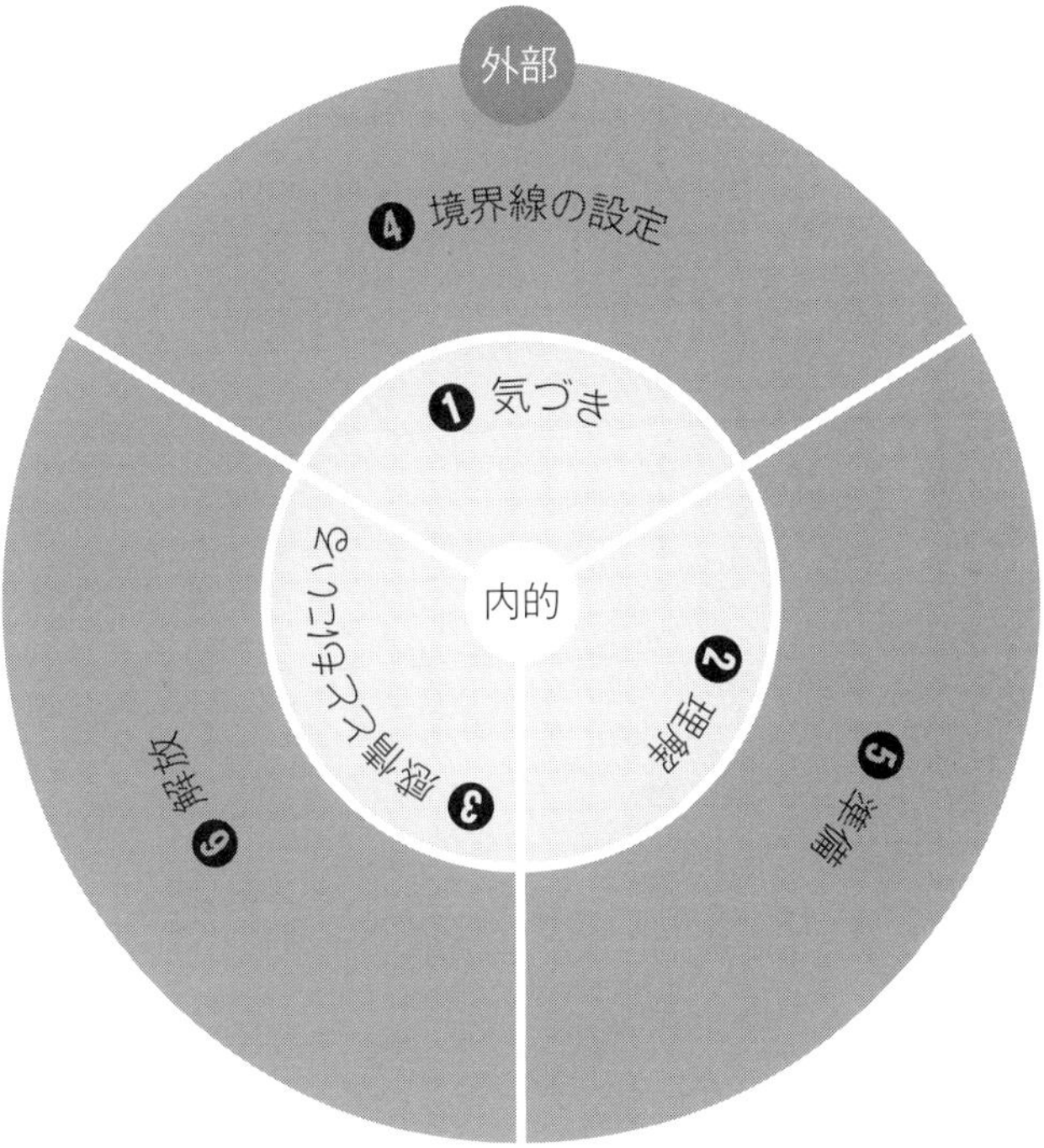

内的ゆるしから外的ゆるしへの６段階

しくは集団）と自分の被害体験の強固な結びつきから解放されるための手続きであることを覚えておきましょう。

次のワークは、ゆるしの6つの段階を探るのに役立ちます。現在どの段階にいるのか見極め（癒しは直線的なものではないので、行ったり来たりするのがふつうです）、各段階での内省のための質問に答えていきましょう。

ワーク

内的ゆるしのプロセス

1　気づき――自分を傷つけたのは何か、もしくは誰かを知る。この段階の目的は、受け入れることです。トラウマ体験のあと、身に起きたおそろしいことを認めるのはむずかしいものです。とりわけ、それがあなたの安全を守ってくれるはずの人からされたことであれば、なおさらです。しかし、その体験を認めるという行為は、力強いものです。詳細をすべて思い出す必要はありません。段階を進むにつれ、だれかと一緒にプロセスを進めたいと思うかもしれませんが、あなたが知っていること、あなたが感じること、あなたが思い出せることは、すべてあなた自身のストーリーであり、他者に承認してもらう必要がないものです。

2　理解——どのように傷つけられたかを知る。この段階では、その経験をストーリーとして書いたり、アートを用いた表現のほうが安全に感じられるならイメージをかたちにしたりすることが助けになります。加害者がどんな人であるかを脱人格化し、あなたを傷つけたこととは切り離して考えることが重要です。つまり、ひどい行為そのものとそれをした人を分けるのです。こうすることで客観性が生まれ、あなたの視点で捉えることができ、コンパッション（思いやり）をもつことにもつながります。コンパッションとは、相手がした行為を容認することではなく、彼らが**なぜ**そのようなことをしたのかがわかるようになることです。言い訳ではなく、説明です。ミシェル・ラッドが『ハフポスト』の記事でゆるしの段階について、次のように述べています。「言い訳は責任を放棄するものですが、説明はコンパッションを生み出します」

3　感情とともにいる——影響を感じることをいとわない。第3段階は、ゆるさないという重荷を抱えることが自分にとってどんなものであるかを自覚することです。怒り、恨み、憎しみ、そのほかのネガティブな感情は、免疫システムや体内のほかのエネルギーにも悪影響を与えるので、ゆるさないことで不調をきたすことがあります。人は内なる痛みを無視するという対処を身につけていますが、これは癒しのプロセスを長引かせるだけです。怒りとともにいることに助けが必要な場合は、ＥＭＤＲスパイラル・テクニック、瞑想、SUDSを使ったチェックなど、本書で紹介した方法が役立ちます。自分を急かさず、むしろこの段階に必要なだけ留まることが有益です。エネルギー・ヒーラー〔普遍的なエネルギーを用いて、自然治癒力を高めようとする治療者〕のなかには、「コード・カット」という技術を実践している人もいます。これは、加害者があなたをつなぎ留めている情緒的な結びつきを切るイメージを用いるものです。ネガティブなつながりを解放することで、自分の経験をより安全に処理することができ、外的なゆるしに向かうことができます。

外的ゆるしのプロセス

4 境界線の設定——自分自身を強化する。

この段階では、これまでの3つの段階で学んだ知識を、健全な境界線の設定に応用します。加害者がまだあなたの生活圏にいる場合（家族や職場の上司など）、この段階は非常にむずかしいでしょう。次に紹介する日記法では、安心感を高めるのに必要なさまざまな種類の境界線について探っていきます。外的ゆるしへの移行は、あなたが安全だと感じられて初めて可能になります。境界線には、人間関係を終わらせること、どのくらいの頻度でその人のそばにいたいかの限度を決めること、共有してもいい個人情報の範囲を決めること、今後は許容できないという行動の限度を決めることなどが含まれます。「最後通告」という言葉にまつわるネガティブなニュアンスは、この段階で払拭する必要があります。なぜなら、人間関係であなたが望まないことについて主張し、あなたの境界線を尊重しない人はどうなるかを示す権利は、あなた自身にあるからです。なかには、自分を傷つけた相手に立ち向かうのは安全ではない人もいます。そのときは、この段階はすべて内面的な実践として行ってください。安全であるなら、文章や言葉による表現を用いて自己主張することができます。加害をした人や集団に対してどのくらい安全だと感じるかはあなただけが知っていることです。

5　ゆるす覚悟を決める。ついに、ここまで到達しました。あなたを傷つけたのはだれか、彼らは何をしたのか、怒りを抱いていることがあなたにどんな影響を与えているか、この怒りを手放すことであなたはいかなる恩恵にあずかれるのか、そして、あなたが安心するのに必要な境界線を見つけてきました。今こそ、ゆるす準備ができているかどうかを決めるときです。答えが「ノー」なら、この段階にとどまって、これまでの4段階のワークに取り組み続けてください。最初の4つの段階にいつまでも留まる人もいますが、どの段階にいてもそこで取り組みを続ける限り、その人は癒されているのです。外的にゆるす（ゆるしを与える、ゆるしを宣告する）方向に進む準備ができたと感じたら、それをどのように表現するかを練習していきましょう。

6　重荷を解放する。この段階で、あなたはゆるすことを選択しました。これにはさまざまな方法があります。

- DEAR MAN
- 手紙を書く
- 暴力に関するアート作品を制作し、もしそのほうがすっきりするならカタルシスのためにそれを壊す
- （実際の加害者と話すのではなく）安全な人と、ゆるしたい気持ちを分かち合う
- （加害者が安全な人であれば）直接話す
- （加害者が向かい合って座っていると見立てて）空の椅子を用いたロールプレイをする
- 加害者のために、慈悲の瞑想［自分や他人を慈しむこころを育む瞑想］を実践する

どのようなゆるしかたを選ぶにせよ、ポジティブな恩恵があります。ゆるすことで、ネガティブなエネルギー、苦痛、不健全なとらわれから解放され、それによって物事が解決したり、人間関係が改善したりする人もいます。何よりも重要なのは、あなたが解放されるということです。加害者に起こることは、6つの段階のなかには含まれていません。ゆるしの焦点は、あなたにあてられているのです。

次のプロンプトは、ゆるしの6つの段階に取り組む助けとなるはずです。第1段階から始めて現在の段階まで進むのでもよいですし、現在の段階から始めるのでもかまいません。

第1段階：だれに、何によって、わたしは傷つけられたのだろう？　その人がわたしを傷つけるまえ、わたしと相手との関係性はどのようなものだっただろう？　傷つけられてからは、どうなっただろう？

第2段階：あたかも映画のスクリーンでできごとを見ているかのように、三人称で相手がしたストーリーを語ってみよう。相手を映画の登場人物と考えてみるのです。相手の暴力の動機は何でしょう？

第3段階：自分がどのように傷つけられたかを考えるとき、どんな思考、感情、身体感覚が生じるだろう？　それを自分の身体から解放したら、どんなふうに感じるだろう？　そうすることで、身体、こころ、精神には、どんな恩恵があるだろう？　その痛みがない状態がどのようなものか、（こころのなかで、あるいは画材を使って）イメージを描くこともできます。

第4段階：この人とのあいだに、どんな境界線が必要だろう？　この人に関して、わたしは自分の人生を分かち合いたいのか、それとも関わりたくないと思っているのか？　この人との関係を終わらせるべきか？　こうした境界線を保つのを助けてくれるのはだれか？（おそらく、支えてくれる家族、同僚、セラピスト、警察や裁判所など）境界線を設定するために、どのような行動をとらなければならないだろう？

第5段階：わたしは、ゆるしたいと思っているだろうか？　どのような点で、ゆるす準備ができていると感じるのか？　あるいは、どのように準備できていないと思うか？　準備ができていないとしたら、今、どの段階にいるだろう？　もし、ゆるしの準備ができていないと感じるなら、どうやってセルフコンパッションを実践できるだろう？

第6段階：わたしにとって、ゆるすとはどういうことだろう？　わたしを傷つけた相手や集団に、自分の考えを伝えたいだろうか？　もし話すつもりなら、わたしが言いたいことは何だろう？　もし手紙を書くとしたら、わたしは何を書くだろう？（次に紹介する「投函しない手紙」のツールは、そうした手紙を書く機会を提供するものです）DEAR MANを使ったら、どんな言い方になるだろう？　瞑想や精神的なゆるしを選んだら、その経験はわたしにとってどんな助けになるだろう？

最後に、覚えておいてほしいことがあります。ゆるしは癒しのプロセスの一部であり、他者を信頼し、人間関係のなかで再び安心を感じられるようになるための一部でもあるということです。良いことであれ悪いことであれ、人は自分が体験したことを未来に持ち越します。ゆるすという行為は、他者が再びあなたを傷つけることはゆるしませんが、あなたのこころを大事にしてくれる人に対しては、よりオープンになれるようにしてくれます。

投函しない手紙

ガスライティングによるコントロールを受けたあと、他者を信頼するのがむずかしい点のひとつは、自分を傷つけた相手と向き合うことが必ずしも安全とは限らないことです。わたしがセラピーで関わってきた女性の多くは、たとえ送るつもりがなくても、手紙を書くこと自体が他者を信頼するプロセスを助けるカタルシスの実践になるといいます。自分の感情を書くことで、状況が明確になり、加害者に対するネガティブな感情を解放することができます。ケンブリッジ大学の研究によると、投函しない手紙を書くワークは、心理的なウェルビーイングを向上させ、うつ症状を軽減し、PTSD症状を改善させ、血圧を下げ、免疫システムを改善させることがわかっています。次のワークは、書くことの力を使うものです。自分自身の人間関係や経験を整理することによって、大きな恩恵が受けられます。

学ぶこと

- 未解決の感情を他者と処理するスキル
- ナラティヴ・セラピー・テクニックの力と、思考や感情を安全に「代謝させる」方法

必要なもの

- リラックスして注意力が高まった10〜20分間
- 向き合いたいと思っているが、まだ取り組めていない葛藤や人間関係
- ペンと紙

ワーク

このワークは、空欄に記入するのでも、別紙に書くのでもかまいません。パソコンで打ち込むほうがよければ、それもよいでしょう。

1　書こうとしている状況と、その手紙の宛先について説明してください。

2　次に、現在のSUDSを1から10で評価します（10がもっともストレスを感じている状態）。［　　］

3　次頁の空欄（足りなければ別紙）に、必要なだけ時間をかけて、あなたが悩まされている相手に宛てて手紙を書きましょう。相手はこの手紙を読まないことを忘れないでください。これは創造性によるワークであり、文章の質よりも書くプロセスのほうが重要です。ですから、手紙が「よく書けているかどうか」は気にしないでください。

4　書き終えたら、書いたものを読んでみましょう。声に出して読み、あなたの感情を言葉で表現してみてもかまいません。

5　最後に、1から10までのSUDSを評価し直してください。［　　］

セラピューティック・ライティングのスキルを高める

- もし安全な選択肢と思えるなら、手紙を書いた相手と共有するのもよいでしょう。
- 相手に手紙を見せないのであれば、友人やセラピストと手紙を共有すると、あなたの思いはもっとものであることが確認できたり、すっきりしてカタルシスが得られたりします。
- 前述したように、手紙を声に出して読むという行為で自分の力強さを感じることができます。ゲシュタルト療法の技法である「エンプティ・チェア（空の椅子）」に向かって手紙を読んで、そこに座っているはずの人を想像してみてください。
- 手紙は焼却したり、破棄したりしてかまいません。
- 手紙からアート作品を作ることもできます。あるクライエントは、手紙を切り刻んで、彼女にとって癒しの象徴であった蝶のかたちのコラージュにしました。
- 手紙は、相手との関係性についてあなたが望むような変化への動機づけを高めるかもしれません。可能なら、その関係を変えるか、あるいは関係を終わらせるかしましょう。

- このワークをした体験とそれによって感じたことを日記に書きましょう。

コンパッション瞑想

恨みは、こころと身体を硬化させ、この先の人間関係でも、安全感をもってオープンでいることをむずかしくさせます。まだ、ゆるすことには取り組む準備ができていないときでも、コンパッションを実践することは、いつでも有益な一歩となります。次のワークは、ヨガのメッタ瞑想［メッタはパーリ語で慈愛を意味し、自分と他者に対する愛情や寛容、幸福や善意といった感情を育むための瞑想］から派生した慈愛の瞑想で、まずセルフコンパッションを行い、次に他者にコンパッションを向けるというものです。

学ぶこと

- ガスライティングによるコントロールから回復する際のコンパッションの力
- ウェルビーイングを高め、自分のペースでゆるしに向かうためのメッタ瞑想の実践法

必要なもの

- 中断されない10分間
- ひとりになれる静かな空間（車内でもOK！）

ワーク

1 楽な姿勢をとってください。数分間、呼吸に集中し、全身の筋肉をリラックスさせましょう。

2 準備ができたら、まず自分自身に集中し、頭のなかでゆっくりと次のフレーズを繰り返します。「わたしが幸せでありますように」「わたしが健康でありますように」「わたしが安全でありますように」「わたしが安らかでありますように」

3 次に、あなたが大切に思っている人に焦点をあてて、このフレーズを繰り返します。「幸せでありますように」「健康でありますように」「安全でありますように」「安らかでありますように」

4 次に、しがらみのない人、たとえば定期的に顔は合わせるけれどよく知らない人を選び、その人に同じ願いを繰り返します。

5 次に、集団や動物、国家などに、よい願いを送ってもかまいません。

6 最後に、あなたが悩まされている人を浮かべて、その人にも同じ願いを送りましょう（現在の相手の姿を思い浮かべるのがいやだったら、その人が赤ちゃんや幼い子どもだったときの姿を想像するとよいでしょう）。

コンパッションの瞑想に関する注意事項

- それぞれのステップのあいだに、ゆとりと時間をもちましょう。
- あなたが悩まされている相手など、もっとも必要だと感じているところから始めることもできます。
- よい結果を願うだけでも有益です。考えかたを前向きなものに変えることで、現在もしくは将来の人間関係を改善し、他者と一緒に過ごすことを楽しめるようになります。
- コンパッションは、他者を信頼する力を養うのに役立ちます。

譲れないものリスト

だれに、何に、エネルギーを注ぐか、どう考え、どう感じるかは、すべて将来の健全な人間関係の形成に影響を与えます。人の思考や感情が人生に与える影響は、自分がエネルギーをかけたものが自分に返ってくるという「引き寄せの法則」によって説明されます。第7章の目標設定で説明したように、望まないことに注意を向けても（トラウマを経験したあとは、多くの人がそうなりがちですが）、自分が望むものには近づけません。

ガスライティングは、被害者が自分の内なる願いを自覚することに悪影響を与えるため、ガスライティングから立ち直ろうとしている女性の多くは、自分が将来、どんなパートナーや人間関係を望むのかがわからなくなって苦労します。次のワークは、自分が将来のパートナーや人間関係に何を望んでいるかを認識するためのものです。これは、この先、自分がこうした望ましい選択をする力があると感じるための重要な一歩です。

学ぶこと

- 将来の人間関係で望むものを手に入れるために「引き寄せの法則」を活用する方法
- 将来の人間関係に望むこと、望まないことを特定し、それに集中する方法

必要なもの

- リラックスして注意力が高まった状態での10分間
- ペンと紙

ワーク

このワークでは、「譲れないもののリスト」を作成します。将来のパートナーに望むこと（友人関係にあてはめることもできます）を、何でもすべて思い浮かべてください。書いていけないものはありません。できる限りこだわること。ここは想像力を膨らませるためのプライベートな場です。わたしのクライエントは、身体的特徴、経済的地位、宗教活動、文化的背景、性格特性、さらには「車をきれいにしている人」といった細かい点に至るまで、さまざまな願望を挙げていましたよ！

リストを埋める項目が思いつかなかったら、前の章で説明した「情緒的な個体化」の力を思い出しましょう。ガスライティングからの回復では、自分が何を望んでいて、何を望んでいないかを思い出す必要があります。1回でリストを全部埋められなかったら、空欄はそのままにして、何かアイデアが浮かんだら書き加えましょう。信頼できる友人やセラピストにアイデアを出すのを手伝ってもらいたいという人もいます。そのリストは、ほかのだれでもなくあなたにとって何が重要か、本当に確かだと思えるものでなければならないことをお忘れなく。

わたしの譲れないもののリスト

1
2
3
4
5
6
7
8
9
10
11
12
13
14
15
16
17
18
19
20

譲れないものリストの次のステップ

- この先、交際する相手に譲れない項目に下線を引いていくと、リストから「見込みナシ」の人を特定することができます。たとえば、「同じ信仰をもつこと」が交際の必須条件であるならば、それに下線を引きます。「背が高い」という好みが重要でないわけではありませんが、よい人と出会うためには妥協できる条件かもしれません。見込みナシの数は、**いくらでも**。なかには、リストすべてが必須条件という人もいます。自分の願望を言葉にすることは、ガスライティングから回復するための大事な一部なので、とてもすばらしいことです！
- 作成したリストのコピーを目につくところに置いてください。スマホの壁紙にしたり、冷蔵庫や鏡に貼ったり、よく使う「大事なモノ入れ」にしまったりしてもよいでしょう。あるクライエントは、リストをベッドの下に置いて、夢を見ているときにもリストを思い浮かべられるようにしていました。
- 新たに交際を始めるときは、もう一度リストを見直し、その人が自分の基準に合っているかどうかを見極めましょう。
- 成長や変化とともにリストを見直しましょう。このリストは、あなたとともに成長し、変化していく、まさにあなたとつながっているものなのです。
- 信頼できる人とリストを共有しましょう。自分の願望を声に出すことで、さらにそれに集中できるようになります。

・覚えておいてください。あなたは自分の願いすべてに値する存在だということを！　ガスライティングを受けたあとに、この言葉が信じられるようになっていくのは大変なことですが、これもまた回復のプロセスの一部なのです。

まとめ

この章であなたが取り組んだワークは、たんに他者を手放したり、他者を信頼したり、他者とつながったりすることを学ぶものではなく、自分自身の価値観を認め、再確認し、自分自身の内側に入って、自分が望むものが何か、そして自分に益をもたらさない人や状況との境界線の設定の仕方について、より深く学ぶというものでした。他者を信頼することは、自分自身を信頼することでもあります。瞑想したり、書いたり、ゆるしの段階やコンパッションの実践について学んだりすることで、自己覚知と自己価値の感覚が高まってきているのが感じられるようになれば、ガスライティングによるコントロールから前進することができるようになります。あなたにサポートが必要なときや、自分がどれだけ大切な存在であるかを思い出したくなったときはいつでも、この章とスキルを見返してください。

おわりに

回復と前進に集中すればするほど、あなたの光はより明るく、より広く輝くようになるでしょう。創造性が高まると、あなた自身だけでなくまわりの人たちもエンパワーできるようになります。ガスライターは、あなたから自己価値と自信を奪おうとしますが、本書での学びを実行に移すことは、「わたしは自分を愛しています」と宣言することにほかならず、これはもっともすばらしいガスライティングへの対抗のかたちなのです。反逆者になりましょう！

ガスライティングを受けても、そのあと、自分を大切にして、自分を癒し、前進しようとすると、よい人を引き寄せ、あなたのすばらしさをまだ受け入れない人を遠ざけられるようになります。だれかを遠ざけたときに、たとえ胸に痛みを感じたとしても、その胸にはあなたの力が宿っているのですから、悪い関係が終わることに感謝しましょう。健全なつながりとは、あなたが相手を愛するのと同じくらい、ときにはそれ以上に、自分自身を愛することができるものなのです。

オンライン・フィットネスサービス『ペロトン』のインスピレーション・インストラク

ターであり演説家でもあるロビン・アルゾンは、こう呼びかけています。「わたしと一緒に、セルフラブ・クラブに入りませんか?」女性として、みんなで団結し、お互いを守り、ガスライティングがわたしたちの力を奪う手段であることに対して声をあげましょう。境界線、セルフラブ、自尊心、そして自分を信じてくれる人たちとの団結は、パワフルなものです。強くなりましょう!

さあ、深呼吸をして。一呼吸おいて、学んだことを振り返ってみましょう。あなたがこの本と出会い、一緒に旅してくれたことに、こころから感謝します。みなさんが幸せで、健康で、エンパワーされ、平和で過ごせるように願っています。

謝辞

本書は、わたしにインスピレーションを与えてくれた女性たちなしには生まれませんでした。彼女たちは、誠実でリスクをおそれず、真実を書き、語り、それを世界に伝えてくれました。また、わたしが刺激を受けた本やその著者だけでなく、長年、一緒にセラピーに取り組んできた女性たちからもインスピレーションを得て、これを書きました。セラピーを通して回復する過程で、彼女たちがわたしに信頼を寄せ、関係性を築こうとしてくれたことで、わたしは回復に欠かせない条件と力について知ることができました。みなさんは、本書を支える真の勇士です。

わたしを形成し、奮い立たせ、支え、共に笑い、そして、つねにわたしという人間を思い出させてくれた、情熱的な女友だちみんなにも謝意を伝えます。あなたたちのおかげで、よりよい自分になるための方法を学び続けることができている、と。

そして、わたしがオフィスにこもって何時間も執筆しているあいだ、子どもたちの面倒をみてくれたサポーティブな夫にも感謝します。彼は、女性を尊重する男性の見本のような人で、生き生きとして、創造性に富み、勇気があるという女性の真の姿を理解している人です。とてもすばらしい男性です。

最後に、こうした重要な仕事を任せてくれたツァイトガイスト社とペンギン・ランダムハウス社の方々にお礼申し上げます。ガスライティングが社会で注目されつつある今、みなさんのおかげで本書を世に出すことができたのは、まさに時宜にかなったものといえましょう。

訳者あとがき

「ガスライティング」という言葉をご存じですか？　もし、聞いたことがなかったとしても、それがどのようなものかを聞けば、「それなら知ってる！」と思う人は少なくないはず。ガスライティングとは、「おまえがおかしい」「どうかしている」といったネガティブな言葉を浴びせることで、相手に「わたしがおかしいんだ……」「わたしはどうかしてしまったのに違いない……」と自信を失わせ、混乱させて、相手を支配しようとするコントロールのことです。

ガスライターと呼ばれる加害者は、相手を殴ったり、脅したりするような〈あからさまな暴力〉は振るいません。一見すると、指摘や注意、あるいは心配や助言といった〈相手のために〉している行為なので、それらは暴力どころか、親切や関心、ときに愛情であるかのように映ります。しかし、それによって相手のパワーを奪い、自尊心や自己コントロール感を失わせ、結果的にガスライターの思うままに相手を従わせるのですから、まぎれもない暴力です。恋人や配偶者などの親密な関係性のなかであれば、ドメスティックバイオレンス（DV）にあたる行為ですし、職場で起きたものならば、パワーハラスメント（パワハラ）ともいえます。

本書でも説明されているように、ガスライティングという言葉は、第二次世界大戦前に英国で演じられた大衆劇をもとに、のちに『Gaslight（ガス燈）』として上映されたモノクロ映画に由来します。アカデミー賞に輝き、サスペンス映画の傑作とも謳われるこの作品では、ロンドンに移住した新婚カップルの妻が、夫の小細工によって次第に精神を衰弱させられていくプロセスが描かれています。夫にはある魂胆があり、それに対する疑惑の目をそらすために、妻のもの忘れや盗癖を指摘しますが、実は、それらはすべて夫のでっちあげ。ありもしない〈問題〉をまるで妻が起こしているかのように振る舞い、混乱から情緒不安定になった妻に対して「君はどうかしている」と嘆いてみせます。屋敷内のガス燈をちらつかせておきながら、部屋の明かりがゆらめく様子を不安がる妻の姿を見てはこっそり嗤《わら》う――こうした「操作を用いた対人コントロール」がガスライティングと名づけられ、2010年代半ばから米国で広まり、流行語になりました。日本で紹介されるようになったのはごく最近、2023年頃からのようです。

まだ日本ではなじみの薄い言葉ですが、何もしていない相手の〈落ち度〉を作りあげ、当然の指摘であるかのように相手を非難し、相手が反論すればそれを根拠に責め立てるという暴力は、決してめずらしくないものでしょう。これまで「モラルハラスメント（モラハラ）」と呼ばれてきた行為には、ガスライティングの要素も含まれていたといえます。ただ、一般にモラハラが加害者の不機嫌や暴言など被害者の面前でなされる言動を含むのに対して、ガスライティングは被害者に気づかれにくい方法が用いられるという特徴があります。「俺の言うことを聞け」と怒鳴るＤＶとも、自分の存在をアピールするストーキング（ストーカー行為）とも異なり、気づかれないようにしながら相手をコントロールするガスライティングは、非常に巧妙なかたちの暴力といえるかもしれません。それゆえに、被害者は「自分に何が起きているのか」がわからないまま、心身ともに消耗してしまいます。

本書の著者であるアメリア・ケリー博士は、心理臨床家として、北米でおもに女性のトラウマに対する介入や支援をされています。豊かな臨床経験をふまえた本書は、たくさんの事例が紹介されており、ガスライティングの特徴とその影響、そして回復の道筋が具体的に示されています。原題は"*Gaslighting Recovery for Women: The Complete Guide to Recognizing Manipulation and Achieving Freedom from Emotional Abuse*（女性のためのガスライティングからの回復―情緒的虐待による加害者の操作を理解し、自由を手にするための完全ガイド）"とあるように、読者に女性を想定した回復のガイドブックとして２０２３年に出版されたものですが、本文にも書かれているように、ガスライティングの被害者は女性が多いもののそれに限りません。本書には、女性に向けたメッセージも含まれていますが、多様な立場やジェンダーの人々にも役立つと思われます。

というのも、ガスライティングの被害による影響は、加害者であるガスライターと出会うまえの家庭環境なども関係しているからです。養育者から虐待やネグレクトを受けたことがなくても、子ども時代に、家族の不和や葛藤によってつねに緊張し、周囲の期待に応えるべく必死に生きてきた人は、自分のニーズよりも相手のニーズを優先しがちで、自己犠牲もいとわないことが少なくありません。そうした傾向は必ずしも悪いばかりではなく、他者の感情への敏感さや優しさ、献身的な行動にもつながります。ただし、そうした自分の傾向や対人関係のパターンを自覚しておかないと、ガスライティングに対する脆弱性を高める、つまり安全ではない関係性に陥りやすくなります。

だれでも、少なからず子ども時代の傷つきを抱えています。ガスライティングの被害者だけでなく、あらゆる人がこうした関係性の〝罠〟ともいえるコントロールの問題に向き合うきっかけになればと思い、この本を日本で紹介することにしました。

本書の特徴は、すでに述べたように、関係性における暴力をガスライティングという新たな概念から捉えたことといえます。また、対人関係における傷つきをトラウマの観点から理解し、トラウマについて知識を得ることで「自分に何が起きているのか」を理解するトラウマインフォームドケア（Trauma Informed Care：ＴＩＣ）のアプローチがとられていることも挙げられます。専門家によるセラピーが助けになるのと同様に、トラウマについて知るための心理教育と対処法を練習するＴＩＣは、関係性の〝罠〟から抜け出し、自信と自由を取り戻していくのに役立ちます。そして、回復において鍵となるのが境界線（バウンダリー）です。他者の支配とコントロールに気づき、自分自身を守るために健全な境界線を設定することは、だれもが安全に生きるうえで欠かせません。これらの情報は、ガスライティングのみならず、さまざまなトラウマからの回復に有用でしょう。

なお、翻訳にあたっては、原題にある〝emotional abuse〟の訳に悩みました。直訳すると〈情緒的虐待〉であり、ガスライティングが被害者の心情を揺さぶり、情緒不安定な状態にさせ、自己コントロール感を奪っていくパワーの乱用（abuse）であることを的確に表す言葉です。しかし、日本語の「虐待」は、一般的には「児童虐待」と同義で用いられ、子どもではない場合に限って「高齢者虐待」など対象が明記されます。そのため、ガスライティングの典型であるパートナー間の暴力を「虐待」と呼ぶことは、現状では違和感をもたれるかもしれません。

さらに「情緒」という言葉も、日本語では風情のような深みのある雰囲気というニュアンスでも用いられますが、ここでいう情緒とは心理的な状態を指しています。感情が一時的なこころの動きを指すのに対して、情緒は持続的なこころの状態を意味します。つまり、情緒的虐待とは、こころの状態をコントロールし、その人自身を失わせるほどのダメージをもたらすものなのです。

こうした日本の現状と用語の意味から、訳書では、情緒的虐待を〈情緒的コントロール〉と表し、関係性における対人操作というガスライティングの特徴をわかりやすく紹介することにしました。また、原著では女性を想定した呼びかけや説明になっているところも、ジェンダーによる権力の不均衡に基づく内容を除いて、性別を限定しない表現に一部変更しています。

本書が「何かおかしい」と感じながら苦しんでいる方々にとって、「何が起きているのか」に気づくヒントとなり、変化と回復を後押しするものになることを願っています。本書にはTICで重視されるトラウマ反応の心理教育と基本的な対処法が書かれているのに加えて、弁証法的行動療法（DBT）による思考への介入や身体へのアプローチであるヨガなど、回復を促進するさまざまな技法が紹介されています。必要に応じて、専門家のケアを受けながら、セルフケアとして取り組まれることをお勧めします。

ガスライティングを含め、さまざまな対人暴力は、加害者 - 被害者の個人の問題ではなく、社会における権力の不均衡や差別構造と密接に関わっています。そのため、あらゆる関係性のなかでガスライティングは起こりえます。すべての人が自分の言動を「ガスライティングかもしれない」と見直すことも求められるでしょう。だれもが関係性の〝罠〟と無縁ではありません。自分の境界線を自覚し、お互いの境界線を尊重すること――それが他者のコントロールを手放し、暴力のない安全な社会につながる一歩になるはずです。

手にとってくださった読者のみなさまにこころよりお礼申し上げるとともに、翻訳を勧めてくれて完成までサポートしてくださった日本評論社の木谷陽平さんに感謝いたします。

2024年4月　野坂祐子

井雅哉監訳『過去をきちんと過去にする―EMDRのテクニックでトラウマから自由になる方法』二瓶社)

Van der Kolk, B.A. *The Body Keeps the Score: Brain, Mind, and Body in the Healing of Trauma*. New York: Viking, 2014.(柴田裕之訳『身体はトラウマを記録する―脳・心・体のつながりと回復のための手法』紀伊國屋書店)

Wallace, J. "How Gratitude Can Improve Your Health, Happiness and Relationships." CBS News, November 22, 2018.(cbsnews.com/video/how-gratitude-can-improve-your-health-happiness-and-relationships)

Brown, B. *Daring Greatly: How the Courage to Be Vulnerable Transforms the Way We Live, Love, Parent, and Lead*. London: Portfolio Penguin, 2013.
Chapman, G.D. *The Five Love Languages: The Secret to Love That Lasts*. Farmington Hills, MI: Walker Large Print, 2010.（ディフォーレスト千恵訳『愛を伝える5つの方法』いのちのことば社）
Church, D., Stern, S., Boath, E., Stewart, A., Feinstein, D., and Clond, M. "Emotional Freedom Techniques to Treat Posttraumatic Stress Disorder in Veterans: Review of the Evidence, Survey of Practitioners, and Proposed Clinical Guidelines." *Permanente Journal* 21, no.4 (2017): 16-100. (doi: 10.7812/TPP/16-100)
Clinton, H. *What Happened*. New York: Simon & Schuster, 2017.（高山祥子訳『WHAT HAPPENED —何が起きたのか？』光文社）
Craig, G., and Fowlie, A. *Emotional Freedom Techniques*. Sea Ranch, CA: self-published, 1995.
Cuddy, A. "Your Body Language May Shape Who You Are." TED video, 20:45. 2012. (ted.com/talks/amy_cuddy_your_body_language_may_shape_who_you_are)
Feinstein, D. "Energy Psychology: A Review of the Preliminary Evidence." *Psychotherapy: Theory, Research, Practice, Training* 45, no.2 (2008): 199-213. (doi.org/10.1037/0033-3204.45.2.199)
Macy, R.J., Jones, E., Graham, L.M., and Roach, L. "Yoga for Trauma and Related Mental Health Problems: A Meta-Review with Clinical and Service Recommendations." *Trauma, Violence, & Abuse* 19, no.1 (2018): 35-57.
Rad, M.R. "The 5 Psychological Stages of Forgiveness." HuffPost, September 11, 2011. (huffpost.com/entry/psychological-stages-of-f_b_955731)
Schwartz, R.C. *Introduction to the Internal Family Systems Model*. Oak Park, IL: Trailheads Publications, 2001.
Shapiro, F. *Getting Past Your Past: Take Control of Your Life with Self-Help Techniques from EMDR Therapy*. Emmaus, PA: Rodale Books, 2012.（市

仁子訳『セルフコンパッション―有効性が実証された自分に優しくする力［新訳版］』金剛出版）
"Patterns and Characteristics of Codependence." Co-Dependents Anonymous. 2011.（coda.org/meeting-materials/patterns-and-characteristics-2011）
Raye, E. "Resmaa Menakem Talks Healing Racial Trauma." *Heights*, March 28, 2021.（bcheights.com/2021/03/28/resmaa-menakem-talks-healing-racial-trauma）
Rubin, G. "The Four Tendencies Quiz."（gretchenrubin.com/quiz/the-four-tendencies-quiz）（花塚恵訳『人生を変える習慣のつくり方』文響社）
Tierney, J. "Do You Suffer from Decision Fatigue?" *New York Times*, August 17, 2011.
Walker, P. *Complex PTSD: From Surviving to Thriving: A Guide and Map for Recovering from Childhood Trauma*, 1st edition. Lafayette, CA: Azure Coyote, 2013.（牧野有可里、池島良子訳『複雑性 PTSD―生き残ることから生き抜くことへ』星和書店）
Wansink, B., and Sobal, J. "Mindless Eating: The 200 Daily Food Decisions We Overlook." *Environment and Behavior* 39, no.1（2007）: 106-23.

【第Ⅲ部】

"About Art Therapy." American Art Therapy Association. 2022.（arttherapy.org/about-art-therapy）
Ahmed, A., Devi, R.G., and Priya, A.J. "Effect of Box Breathing Technique on Lung Function Test." *Journal of Pharmaceutical Research International* 33, no.58A（2021）: 25-31.（doi: 10.9734/jpri/2021/v33i58A34085）
Baikie, K.A., and Wilhelm, K. "Emotional and Physical Health Benefits of Expressive Writing." *Advances in Psychiatric Treatment* 11, no.5（2005）: 338-46.
Bolton, G., Howlett, S., Lago, C., and *Wright*, J.K. *Writing Cures: An Introductory Handbook of Writing in Counseling and Psychotherapy*. Hove, England: Brunner-Routledge, 2004.

Clear, J. *Atomic Habits: Tiny Changes, Remarkable Results: An Easy & Proven Way to Build Good Habits & Break Bad Ones.* New York: Avery, 2018.（牛原眞弓訳『ジェームズ・クリアー式複利で伸びる1つの習慣』パンローリング）

Clear, J. "Habit Score Card." Accessed November 13, 2022.（jamesclear.com/habits-scorecard）

Finkelhor, D., Shattuck, A., Turner, H., and Hamby, S. "The Adverse Childhood Experiences（ACE）Study." *American Journal of Preventative Medicine* 14（2015）: 245-58.

Flaherty, S.C., and Sadler, L.S. "A Review of Attachment Theory in the Context of Adolescent Parenting." *Journal of Pediatric Health Care* 25, no.2（March-April 2011）: 114-21.

"Keeping Your Eyes on the Prize Can Help with Exercise, Psychology Study Finds." NYU. October 1, 2014. Accessed November 10, 2022.（nyu.edu/about/news-publications/news/2014/october/keeping-your-eyes-on-the-prize-can-help-with-exercise.html）

Levine, A., and Heller, R.S.F. *Attached: The New Science of Adult Attachment and How It Can Help You Find-and Keep-Love.* New York: Tarcher Perigee, 2010.（塚越悦子訳『異性の心を上手に透視する方法』プレジデント社）

Linehan, M.M. *DBT Skills Training Manual.* New York: Guilford Press, 2014.

McGlynn, F.D. "Systematic Desensitization." In *The Corsini Encyclopedia of Psychology*, 4th edition, edited by Weiner, I.B., and Craighead, W.E.（Hoboken, NJ: Wiley, 2010）.

Meerwijk, E.L., Ford, J.M., and Weiss, S.J. "Brain Regions Associated with Psychological Pain: Implications for a Neural Network and Its Relationship to Physical Pain." *Brain Imaging and Behavior* 7, no.1（2013）: 1-14.

Neff, K. *Self-Compassion: The Proven Power of Being Kind to Yourself.* New York: HarperCollins, 2011.（石村郁夫、樫村正美、岸本早苗監訳、浅田

Kaylor, L. “Psychological Impact of Human Trafficking and Sex Slavery Worldwide: Empowerment and Intervention.” American Psychological Association. September 2015.（apa.org/international/pi/2015/09/leah-kaylor.pdf）

Moyer, M. W. “Women Are Calling Out ‘Medical Gaslighting’.” *New York Times*, March 28, 2022.

National Domestic Violence Hotline. thehotline.org.

Ni, P. “7 Stages of Gaslighting in a Relationship.” *Psychology Today*, April 30, 2017.（psychologytoday.com/us/blog/communication-success/201704/7-stages-gaslighting-in-relationship）

Oxford English Dictionary Online. s.v. “art, n.1.” oed.com.

“Recognizing, Addressing Unintended Gender Bias in Patient Care.” Duke Health.（physicians.dukehealth.org/articles/recognizing-addressing-unintended-gender-bias-patient-care）

“Refusing to Provide Health Services.” Guttmacher Institute. August 31, 2023.（guttmacher.org/state-policy/explore/refusing-provide-health-services）

Ruíz, E. “Cultural Gaslighting.” *Hypatia* 35, no.4（2020）: 687-713.

Tawwab, N. *Set Boundaries, Find Peace: A Guide to Reclaiming Yourself*. New York: TarcherPerigee, 2021.（山内めぐみ訳『心の境界線―穏やかな自己主張で自分らしく生きるトレーニング』学研プラス）

Thompson, D. “‘Medical Gaslighting’ Is Common, Especially Among Women.” UPI Health News, July 15, 2022.（upi.com/Health_News/2022/07/15/medical-gaslighting/1951657890917）

【第Ⅱ部】

American Society for the Positive Care of Children. americanspcc.org.

Baum, J. *Anxiously Attached: Becoming More Secure in Life and Love*. New York: Penguin, 2022.

Bowlby, J. “Attachment Theory and Its Therapeutic Implications.” *Adolescent Psychiatry* 6（1978）: 5-33.

引用文献

【第Ⅰ部】

Arabi, S. "5 Sneaky Things Narcissists Do to Take Advantage of You" (2014). (thoughtcatalog.com/shahida-arabi/2014/08/5-sneaky-things-narcissists-do-to-take-advantage-of-you)

Arabi, S. "Gaslighting: Disturbing Signs an Abuser Is Twisting Your Reality" (2017). (thoughtcatalog.com/shahida-arabi/2017/11/50-shades-of-gaslighting-the-disturbing-signs-an-abuser-is-twisting-your-reality)

Arabi, S. "Narcissistic and psychopathic traits in romantic partners predict post-traumatic stress disorder symptomology: Evidence for unique impact in a large sample." *Personality and Individual Differences*, 201 (2023). (doi.org/10.1016/j.paid.2022.111942)

Ashton, J. "Data Shows Women, People of Color Affected Most by 'Medical Gaslighting.'" ABC News, April 6, 2022. (abcnews.go.com/GMA/Wellness/video/data-shows-women-people-color-affected-medical-gaslighting-83905811)

Covey, S.R. *The Seven Habits of Highly Effective People*. New York: Free Press, 1989. (川西茂訳『7つの習慣―成功には原則があった!』キングベアー出版)

Cukor, G. dir. *Gaslight*. 1944; Beverly Hills, CA: Metro-Goldwyn-Mayer Studios.

Doychak, K., and Raghavan, C. "'No Voice or Vote:' Trauma-Coerced Attachment in Victims of Sex Trafficking." *Journal of Human Trafficking* 6, no.3 (2020): 339-57. (doi: 10.1080/23322705.2018.1518625)

Hamilton, P. *Gas Light: A Victorian Thriller in Three Acts*. London: Constable and Company Ltd., 1939.

[訳者]

野坂祐子（のさか・さちこ）

大阪大学大学院人間科学研究科臨床教育学講座教育心理学分野 教授、博士（人間学）。公認心理師・臨床心理士。2004年お茶の水女子大学大学院人間文化研究科人間発達科学専攻博士後期課程単位取得退学。同年、大阪教育大学学校危機メンタルサポートセンターに着任、2013年より現所属。専門は、発達臨床心理学・トラウマ臨床。日本トラウマティック・ストレス学会理事、一般社団法人もふもふネット理事。

児童福祉領域において、虐待・ネグレクトや犯罪被害等によるトラウマの研究と臨床に取り組むほか、一般社団法人もふもふネットにて、性暴力のサバイバーと家族への支援、援助職への教育等を行う。個人のトラウマだけでなく、家族やコミュニティという集団や社会がかかえるトラウマ（collective trauma）とその修復に着目し、公衆衛生としてのトラウマインフォームドケア／システムを構築することをめざし、さまざまな現場と協働している。

著書に『トラウマインフォームドケア―“問題行動”を捉えなおす援助の視点』（日本評論社、2019）、『マイ ステップ―性被害を受けた子どもと支援者のための心理教育 改訂版』（共著、誠信書房、2023）、『性をはぐくむ親子の対話―この子がおとなになるまでに』（共著、日本評論社、2022）など、訳書に『複雑性 PTSD の理解と回復―子ども時代のトラウマを癒すコンパッションとセルフケア』（金剛出版、2022）、『非行少年に対するトラウマインフォームドケア―修復的司法の理論と実践』（監訳、明石書店、2023）、『あなたに伝えたいこと―性的虐待・性被害からの回復のために』（共訳、誠信書房、2015）などがある。

[著者]

アメリア・ケリー（Amelia Kelley, PhD）

アートセラピスト、瞑想とヨガの公認インストラクターとして20年の経験をもつ、統合的でトラウマインフォームドなセラピスト。EMDR、催眠療法、ソマティックセラピー、内的家族システム（IFS）、ブレインスポッティングのトレーニングを受けている。モチベーションやさまざまな問題を抱える女性、虐待や関係性トラウマのサバイバー、非常に感受性が強く敏感な気質をもった人（HSP）、健康的な人、成人の注意欠如・多動症（ADHD）へのエンパワメントを中心に、“サイエンス・ヘルプ”分野のトレーナー、ポッドキャスター、ライターとしても活動している。

ケリー博士は、ヨークヴィル大学においてカウンセリングの非常勤教授を務めるほか、米国で著名な対人問題の専門家として、米国とカナダで放送されるシリウスXMラジオの“サイキアトリー・ショー”という精神医学のコーナーに出演し、ガスライティングが社会に及ぼす影響について説明している。

SASワーク／ライフ・プログラムのコーチ兼トレーナーであり、ノースカロライナ・アートセラピー研究所の専属トレーナーでもある。キンゼイ研究所のトラウマティックストレス研究コンソーシアムに、個人のカウンセリングオフィスを構える。共著に、*What I Wish I Knew: Surviving and Thriving After an Abusive Relationship*（2022）があり、HSPに関する世界最大規模のブログThe Highly Sensitive Refugeで定期連載をしている。ほかに、“Teen Vogue”“Scary Mommy”“Yahoo！ News”、米国のライフスタイル・ウェブサイト“Well + Good”や“Insider”などで取り上げられている。

インスタグラム@drameliakelleyをフォローするか、ameriakelley.comを参照されたい。

ガスライティングという支配《しはい》

——関係性《かんけいせい》におけるトラウマとその回復《かいふく》

2024年7月20日　第1版第1刷発行
2024年8月30日　第1版第2刷発行

著　者——アメリア・ケリー
訳　者——野坂祐子《のさかさちこ》
発行所——株式会社日本評論社
〒170-8474　東京都豊島区南大塚3-12-4
電話　03-3987-8621(販売)　03-3987-8598(編集)
https://www.nippyo.co.jp/　振替　00100-3-16
印刷所——精文堂印刷株式会社
製本所——株式会社難波製本
装　幀——図工ファイブ

検印省略

落丁・乱丁本はお取替えいたします。
Printed in Japan　ISBN978-4-535-56428-2